05-19

INGLÉS SIN MAESTRO

El sistema que sí funciona

MÓNICA STEVENS

SÉLECTOR
ACTUALIDAD EDITORIAL

Inglés sin maestro.
¡El sistema que sí funciona!
© Mónica Stevens

© Raúl Karam, diseño de portada

SÉLECTOR
ACTUALIDAD EDITORIAL

D.R. © Selector, S.A. de C.V., 2018
Doctor Erazo 120, Col. Doctores,
C.P. 06720, Ciudad de México

ISBN: 978-607-453-537-2

Primera edición: febrero de 2018

Impreso en México
Printed in Mexico

Índice

A los padres de familia

Este libro ha sido desarrollado para la enseñanza del inglés, enfocado principalmente a niños y adolescentes de habla hispana. El texto incluye vocabulario diverso en ambos idiomas, conjugación de verbos, adjetivos, adverbios, canciones y poemas que ayuden a ilustrar las reglas gramaticales simplificadas al máximo, de modo que sean de la total comprensión para el estudiante. Se incluyen temas como "La fiesta", "La hora de la cena", "Las estaciones", "Los colores", "Los planetas", "El médico", "Las computadoras", etcétera, con vocabulario de uso común en la vida cotidiana.

Es importante recordar que en inglés no existen los acentos, pero sí las contracciones, que generalmente se forman a través de la utilización de un apóstrofe. Otra diferencia es que los signos de interrogación y de exclamación (¿? !¡) solamente se usan al final de los enunciados en inglés y no también al principio como se hace en español.

Otro dato importante es que las vocales inglesas tienen diferentes sonidos dependiendo de cómo se usen, así que la fonética para pronunciar los vocablos en inglés que aparece al margen derecho de las páginas es una fonética especialmente simplificada y desarrollada para este texto, sin símbolos complicados y utilizando únicamente las mismas letras que empleamos en español.

¡Adelante!

Mis primeras palabras en inglés

	Pronunciación
GOOD MORNING (Buenos días)	*Gud mórning*
GOOD AFTERNOON (Buenas tardes)	*Gud afternún*
GOOD NIGHT (Buenas noches)	*Gud nait*
THANK YOU (Gracias)	*Thénkiu*
YOU'RE WELCOME (De nada)	*Yur wélcom*
YES (Sí)	*Yes*
NO (No)	*Nou*
YES, THANK YOU (Sí, gracias)	*Yes, thénkiu*
NO, THANK YOU (No, gracias)	*Nou, thénkiu*
PLEASE (Por favor)	*Plis*
I (Yo)	*Ai*

YOU (Tú)	Yu
MY (Mi)	Mai
YOUR (Tu -posesivo-)	Yur
AND (Y)	And

Hello!

¡Hola!

	Pronunciación
NICE TO MEET YOU! (¡Mucho gusto!)	*Nais tu mit yu!*
SAME HERE! (¡Igualmente!)	*Seim jíer!*
MY NAME IS RACHEL (Mi nombre es Raquel)	*Mai néim is Réichel*
WHAT IS YOUR NAME? (¿Cómo te llamas? o ¿Cuál es tu nombre?)	*Juat is yur néim?*
IS YOUR NAME PETER? ¿Te llamas Pedro?	*Is yur néim Píter?*
NO, MY NAME IS NOT PETER No, no me llamo Pedro	*Nou, mai néim is not Píter*
ARE YOU MEXICAN? (¿Eres mexicano?)	*Ar yu mécsican?*
YES, I AM MEXICAN (Sí, soy mexicano)	*Yes, ai am mécsican*
NO, I AM NOT MEXICAN (No, no soy mexicano)	*Nou, ai am not mécsican*
WHERE DO YOU LIVE? (¿Dónde vives?)	*Juér du yu liv?*
I LIVE IN MEXICO CITY (Yo vivo en la Ciudad de México)	*Ai liv in Mécsicou Citi*

	Pronunciación
AND YOU? (¿Y tú?)	*And yu?*
I LIVE IN MONTERREY (Yo vivo en Monterrey)	*Ai liv in Monterrey*
HOW OLD ARE YOU? (¿Cuántos años tienes tú?)	*Jáo óuld ar yu?*
I AM TEN YEARS OLD (Tengo diez años)	*Ai am ten yíers óuld*
DO YOU SPEAK ENGLISH? (¿Hablas inglés?)	*Du yu spic ínglishh?*
YES, I SPEAK ENGLISH (Sí, yo hablo inglés)	*Yes, ai spic ínglishh*
NO, I DO NOT SPEAK ENGLISH (No, yo no hablo inglés)	*Nou, ai du not spic ínglishh*
BUT I WANT TO LEARN (Pero deseo aprender)	*Bot ai want tu lern*

Vocabulary

Vocabulario

	Traducción	Pronunciación
name	nombre	*néim*
is	es	*is*
what	qué	*juat*
where	dónde	*juér*
live	vivir	*liv*
city	ciudad	*citi*
in	en	*in*
how	cómo	*jáo*
old	viejo (pero se agrega después de los años para dar la edad)	*óuld*
ten	diez	*ten*
years	años	*yíers*
speak	hablar	*spic*
english	inglés	*ínglishh*
but	pero	*bot*
want	querer, desear	*want*
learn	aprender	*lern*

Practice

Práctica

	Pronunciación
WHAT IS YOUR NAME? (¿Cuál es tu nombre?)	*Juat is yur néim?*
MY NAME IS_____ (Mi nombre es_____) (Pon tu nombre en el espacio)	*Mai néim is*
IS YOUR NAME PETER? (¿Tu nombre es Pedro?)	*Is yur néim Píter?*
NO, MY NAME IS NOT PETER (No, mi nombre no es Pedro)	*Nou, mai néim is not Píter*
YES, MY NAME IS PETER (Sí, mi nombre es Pedro)	*Yes, mai néim is Píter*
ARE YOU AMERICAN? (¿Eres estadounidense?)	*Ar yu american?*
NO, I AM NOT AMERICAN (No, no soy estadounidense)	*Nou, ai am not american*
I AM MEXICAN (Soy mexicano)	*Ai am mécsican*
DO YOU SPEAK ENGLISH? (¿Hablas inglés?)	*Du yu spic ínglish?*

	Pronunciación
NO, I DO NOT SPEAK ENGLISH (No, no hablo inglés)	*Nou, ai do not spic ínglish*
I SPEAK SPANISH (Yo hablo español)	*Ai spic spanish*
DO YOU LIVE IN TEXAS? (¿Vives en Texas?)	*Du yu liv in Técsas?*
NO, I DO NOT LIVE IN TEXAS (No, yo no vivo en Texas)	*Nou, ai du not liv in Técsas*
YES, I LIVE IN TEXAS (Sí, yo vivo en Texas)	*Yes, ai liv in Técsas*
WHAT DO YOU WANT TO LEARN? (¿Qué quieres aprender?)	*Juat du yu want tu lern?*
I WANT TO LEARN ENGLISH (Yo quiero aprender inglés)	*Ai want tu lern ínglish*

My new friend

Mi nuevo amigo

	Pronunciación
LOOK, MOTHER, LOOK! (¡Mira, mamá, mira!)	Luc, móder, luc!
LOOK AT THAT BOY! (¡Mira a ese niño!)	Luc at dat boi!
DO YOU KNOW HIM / HER? (¿Lo conoces? / ¿La conces?)	Du yu nou jim / jer?
YES, I KNOW HIM / HER (Sí, lo conozco a él / ella)	Yes, ai nou jim / jer
WHAT IS HIS / HER NAME? (¿Cómo se llama él / ella ? o ¿Cuál es su nombre de él / ella?)	Juat is jis / her néim?
HIS NAME IS CARLOS (Se llama Carlos o Su nombre es Carlos)	Jis néim is Carlos
IS HE NEW HERE? (¿Es nuevo aquí?)	Is ji niú jíer?

	Pronunciación
YES, HE IS NEW HERE (Sí, es nuevo aquí)	*Yes, ji is niú jíer*
IS HE YOUR FRIEND? (¿Es tu amigo?)	*Is ji yur frend?*
YES, HE IS MY FRIEND (Sí, él es mi amigo)	*Yes, ji is mai frend*
"WE WILL GO TO SCHOOL TOGETHER (Vamos a ir a la escuela juntos)	*Wi wil gou tu scul tugueder*
WHY WILL YOU GO TO SCHOOL TOGETHER? (¿Por qué irán a la escuela juntos?)	*Juái wil yu gou tu scul tugueder?*
BECAUSE CARLOS AND I ARE NEIGHBORS (Porque Carlos y yo somos vecinos)	*Bicós Carlos and ai ar néibors*

Vocabulary

Vocabulario

	Traducción	Pronunciación
my	mi	*mai*
new	nuevo	*niú*
friend	amigo	*frend*
look	mirar, mira	*luc*
that	ese	*dat*
boy	niño	*boi*
know	conocer	*nou*
to him / her	a él / ella	*jim / jer*
name	nombre	*néim*
what	qué	*juat*
here	aquí	*jíer*
school	escuela	*scul*
together	juntos	*tugueder*
neighbors	vecinos	*néibors*

Plurals

Plurales

El plural, en la mayoría de las palabras en inglés, se forma agregando una "s" al final de la palabra (similar al español).

Ejemplos:

Singular	Plural	Traducción
cat	cats	gatos
flower	flowers	flores
boy	boys	niños
computer	computers	computadoras
report	reports	reportes

Sin embargo, hay otras palabras que forman su plural de manera muy diferente e irregular. He aquí algunos ejemplos:

Singular	Plural	Traducción	Pronunciación
alga	algae	alga, algas	*alga, álgui*
alumnus	alumni	exalumno, exalumnos	*alomnos, alomnai*
axis	axes	eje, ejes	*áxis, áxes*
basis	bases	base, bases	*béisis, béisis*
crisis	crises	crisis, crisis	*cráisis, cráisis*
goose	geese	ganso, gansos	*gus, guis*
foot	feet	pie, pies	*fut,fit*
cactus	cacti	cactus (nopal), cactos	*cáctus, cáctai*
fungus	fungi	hongo, hongos	*fóngus, fóngai*
ox	oxen	buey, bueyes	*ox, óxen*
child	children	niño, niños	*chaild,chíldren*
man	men	hombre, hombres	*man, men*
woman	women	mujer, mujeres	*wúman, wímen*
tooth	teeth	diente, dientes	*tud, tid*
mouse Nota: el mouse de la computadora no tiene plural	mice	ratón, ratones	*máus, máis*

El plural de las palabras terminadas en "y" se forma de dos maneras: si la palabra lleva una vocal antes de la "y", entonces sólo se agregará una "S". Ejemplos:

Singlar	Plural	Traducción	Pronunciación
turkey	turkeys	pavo, pavos	*térki, térkis*
attorney	attorneys	abogado, abogados	*atérni, atérnis*
donkey	donkeys	burro, burros	*dónki, dónkis*

Si la palabra lleva una consonante antes de la "y", entonces se cambiará la "y" por "i" agregándose "es". Ejemplos:

Singular	Plural	Traducción	Pronunciación
family	families	familia, familias	*fámili, fámilis*
enemy	enemies,	enemigo, enemigos	*énemi, énemis*
puppy	puppies	cachorrito, cachorritos	*pópi, pápis*
baby	babies	bebé, bebés	*béibi, béibis*

El plural de algunas palabras se hace agregando "es". Ejemplos:

Singular	Plural	Traducción	Pronunciación
tomato	tomatoes	jitomate, jitomates	*tomeitou, tomeitous*
potato	potatoes	papa, papas	*poteitou, poteitous*

Otras palabras simplemente no cambian en plural y permanecen igual que en singular.
Ejemplos:

Singular	Plural	Traducción	Pronunciación
sheep	sheep	oveja, ovejas	*ship*
news	news	noticia, noticias	*niús*
fish	fish	pez, peces	*fish*
deer	deer	venado, venados	*dier*
corps	corps	cuerpo(s) militar(es)	*corps*

El plural de las palabras terminadas en "if" se forma cambiando la "f" por "v" y agregando "es".
Ejemplos:

CALF cambia a CALV + ES = CALVES (becerro, becerros)

YOURSELF cambia a YOURSELV + ES = YOURSELVES (tú mismo, ustedes mismos)

HALF cambia a HALV + ES = HALVES (mitad, mitades)

El plural de las palabras terminadas en sonidos "sh" o "ch" se forma agregando simplemente "es".
Ejemplos:

CHURCH + ES = CHURCHES (iglesia, iglesias)

WISH + ES = WISHES (deseo, deseos)

BEACH + ES = BEACHES (playa, playas)

TORCH + ES = TORCHES (antorcha, antorchas)

Algunos plurales

Singular	Plural	Traducción	Pronunciación
lady	ladies	dama, damas	*léidi, léidis*
gentleman	gentlemen	caballero, caballeros	*yéntelman, yéntelmen*
sheep	sheep	oveja, ovejas	*ship, ship*
man	men	hombre, hombres	*man, men*
woman	women	mujer, mujeres	*wúman, wímen*
there is	there are	hay uno, hay varios	*der is, der ar*
house	houses	casa, casas	*jáus, jaúses*
foot	feet	pie, pies	*fut, fit*
tooth	teeth	diente, dientes	*tud, tid*
tree	trees	árbol, árboles	*trí, trís*
doll	dolls	muñeca, muñecas	*dol, dols*
chair	chairs	silla, sillas	*cher, chers*
table	tables	mesa, mesas	*téibol, téibols*
body	bodies	cuerpo, cuerpos	*bódi, bódis*
face	faces	cara, caras	*féis, féises*

Singular	Plural	Traducción	Pronunciación
suitcase	suitcases	maleta, maletas	sútkeis, sútkeises
wife	wives	esposa, esposas	wáif, wáivs
knife	knives	cuchillo, cuchillos	naif, náivs
yourself	yourselves	tú mismo, ustedes mismos	yurself, yursélvs
myself	ourselves	yo mismo, nosotros mismos	maiself, aursélvs
himself	themselves	él mismo, ellos mismos	jimsélf, demsélvs
ox	oxen	buey, bueyes	ox, óxen
sándwich	sándwiches	sandwich, sándwiches	sándwich, sándwiches
journey	journeys	viaje, viajes	yérni, yérnis
mouse	mice	ratón, ratones	máus, máis
calf	calves	becerro, becerros	caf, cavs
hero	heroes	héroe, héroes	jiros, jirous

Practice

Práctica

	Pronunciación
HOW MANY FEET DO YOU HAVE? (¿Cuántos pies tienes?)	*Jáo méni fit du yu jav?*
I HAVE TWO FEET (Tengo dos pies)	*Ai jav tu fit*
ONE RIGHT FOOT AND ONE LEFT FOOT (Un pie derecho y un pie izquierdo)	*Uán rait fut and uan left fut*
WHAT IS THE PLURAL OF GOOSE? (¿Cuál es el plural de ganso?)	*Juát is de plúral of gus?*
IT IS "GEESE" (Es "gansos")	*It is "guis"*
HOW MANY PEOPLE ARE IN THE ROOM? (¿Cuántas personas hay en el salón?)	*Jáo méni pípol ar in de rum?*
THERE ARE SEVEN MEN AND TWO WOMEN (Hay siete hombres y dos mujeres)	*Der ar séven men and tu wímen*
WHICH IS THE PLURAL OF LADY? (¿Cuál es el plural de dama?)	*Juích is de plúral of léidi?*
IT IS "LADIES" (Es "damas")	*It is "léidis"*

	Pronunciación
WHICH IS THE PLURAL OF GENTLEMAN? (¿Cuál es el plural de caballero?)	*Juích is de plúral of yéntelman?*
IT IS GENTLEMEN (Es "caballeros")	*It is yéntelmen?*

My face

Mi cara

	Pronunciación
I LIKE MY FACE (Me gusta mi cara)	*Ai laic mai féis*
MY FACE IS VERY IMPORTANT (Mi cara es muy importante)	*Mai féis is veri impórtant*
IT SHOWS WHEN I AM ANGRY (Ella demuestra cuando estoy enojado)	*It shous juén ai am ángri*
IT SHOWS WHEN I AM HAPPY, TOO (demuestra cuando estoy contento, también)	*It shous juén ai am jápi, tú*
MY FACE HAS ONE FOREHEAD (Mi cara tiene una frente)	*Mai féis jas uán fórjed*
TWO EYES (Dos ojos)	*Tu áis*
ONE NOSE (Una nariz)	*Uán nóus*
TWO EYEBROWS (Dos cejas)	*Tu áibraus*
MANY EYELASHES (Muchas pestañas)	*méni áilashes*
ONE MOUTH (Una boca)	*Uán máud*
TWO LIPS (Dos labios)	*Tu lips*

	Pronunciación
AND ONE CHIN (Y una barbilla)	*And uán chin*
I ALSO HAVE TWO CHEEKS (También tengo dos mejillas)	*Ai ólsou jav tu chics*
AND LOTS OF TEETH INSIDE MY MOUTH (Y muchos dientes dentro de mi boca)	*And lots of tid insáid mai máud*
OH! AND ONE TONGUE! (¡Oh! ¡Y una lengua!)	*Ou! And uan tong!*
WITH MY FACE... (Con mi cara...)	*Wid mai féis...*
I CAN SMILE (Puedo sonreír)	*Ai can smail*
I CAN FROWN (Puedo fruncir el ceño)	*Ai can fráun*
I CAN EAT AND DRINK (Puedo comer y beber)	*Ai can it and drinc*
I CAN SPEAK (Puedo hablar)	*Ai can spic*
I CAN SMELL (Puedo oler)	*Ai can smel*
AND I CAN SEE (Y puedo ver)	*And ai can sí*
MY FACE IS VERY IMPORTANT (Mi cara es muy importante)	*Mai féis is veri impórtant*
I LIKE MY FACE! (¡Me gusta mi cara!)	*Ai laic mai féis!*

Vocabulary

Vocabulario

	Traducción	Pronunciación
face	cara	*feis*
like	gustar	*laic*
important	importante	*impórtant*
very	muy	*veri*
show	muestra / demuestra	*show*
when	cuando	*juén*
angry	enojado	*ángri*
happy	contento	*jápi*
too	también	*tú*
two	dos	*tu*
one	uno	*uán*
forehead	frente	*fórjed*
eyes	ojos	*áis*
nose	nariz	*nóus*
eyebrows	cejas	*áibraus*
eyelashes	pestañas	*áilashes*

	Traducción	Pronunciación
many	muchos(as)	*méni*
mouth	boca	*máud*
lips	labios	*lips*
chin	barbilla	*chin*
cheeks	mejillas	*chics*
teeth	dientes (plural)	*tid*
tooth	diente (singular)	*tud*

Practice

Práctica

	Pronunciación
HOW MANY FACES DO YOU HAVE? (¿Cuántas caras tienes?)	*Jáo méni féises du yu jav?*
I HAVE ONE FACE (Tengo una cara)	*Ai jav uán féis*
IS IT IMPORTANT? (¿Es importante?)	*Is it impórtant?*
YES, IT IS VERY IMPORTANT (Sí es muy importante)	*Yes, it is veri impórtant*
WHY IS IT IMPORTANT? (¿Por qué es importante?)	*Juái is it impórtant?*
BICAUSE IT SHOWS WHEN I AM ANGRY (Porque muestra cuando estoy enojado)	*Bicós it shous juén ai am ángri*
OR HAPPY (O contento)	*Or jápi*
HOW MANY EYES DO YOU HAVE? (¿Cuántos ojos tienes?)	*Jáo méni áis du yu jav?*
I HAVE TWO EYES (Tengo dos ojos)	*Ai jav tu áis*
HOW MANY NOSES DO YOU HAVE? (¿Cuántas narices tienes?)	*Jáo méni nouses du yu jav?*

	Pronunciación
I HAVE ONLY ONE NOSE (Tengo solamente una nariz)	*Ai jav óunli uán nóus*
HOW MANY CHEEKS DO YOU HAVE? (¿Cuántas mejillas tienes?)	*Jáo méni chics du yu jav?*
I HAVE TWO CHEEKS (Yo tengo dos mejillas)	*Ai jav tu chics*
WHAT IS INSIDE YOUR MOUTH? (¿Qué está dentro de tu boca?)	*Juat is insáid yur máud?*
MANY TEETH AND ONE TONGUE (Muchos dientes y una lengua)	*Méni tid and uán tong*
I SMELL WITH MY NOSE (Yo huelo con mi nariz)	*Ai smel wid mai nóus*
I SEE WITH MY EYES (Yo veo con mis ojos)	*Ai sí wid mai áis*
I SPEAK WITH MY MOUTH (Yo hablo con mi boca)	*Ai spic wid mai máud*
I SMILE WITH MY LIPS (Yo sonrío con mis labios)	*Ai smail wid mai lips*

What is this?

¿Qué es esto?

Señala la parte de la cara que corresponde a cada palabra en inglés:

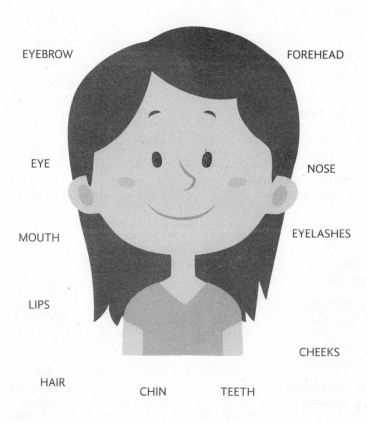

EYEBROW   FOREHEAD

EYE   NOSE

MOUTH   EYELASHES

LIPS

CHEEKS

HAIR   CHIN   TEETH

My body

Mi cuerpo

	Pronunciación
I HAVE ONE BODY (Yo tengo un cuerpo)	*Ai jav uán bódi*
THIS IS MY HEAD (Esta es mi cabeza)	*Dis is mai jed*
THIS IS MY HAIR (Este es mi cabello)	*Dis is mai jer*
THIS IS MY NECK (Este es mi cuello)	*Dis is mai nec*
THESE ARE MY SHOULDERS (Estos son mis hombros)	*Diis ar mai shoulders*
THIS IS MY CHEST (Este es mi pecho)	*Dis is mai chest*
THIS IS MY ARM (Este es mi brazo)	*Dis is mai arm*
THIS IS MY ELBOW (Este es mi codo)	*Dis is mai élbou*
THIS IS MY HAND (Esta es mi mano)	*Dis is mai jand*
THIS IS ONE FINGER (Este es un dedo)	*Dis is uán finguer*

	Pronunciación
THIS IS MY WAIST (Esta es mi cintura)	*Dis is mai güeist*
THESE ARE MY HIPS (Estas son mis caderas)	*Diis ar mai jips*
THIS IS MY LEG (Esta es mi pierna)	*Dis is mai leg*
THIS IS MY KNEE (Esta es mi rodilla)	*Dis is mai ní*
THIS IS MY FOOT (Este es mi pie)	*Dis is mai fut*
THIS IS MY TOE (Este es mi dedo del pie)	*Dis is mai tou*
I HAVE TWO ARMS (Tengo dos brazos)	*Ai jav tu arms*
I HAVE TWO LEGS (Tengo dos piernas)	*Ai jav tu legs*
I HAVE TWO HANDS (Tengo dos manos)	*Ai jav tu jands*
EACH HAND HAS FIVE FINGERS (Cada mano tiene cinco dedos)	*Ich jand jas faiv finguers*
IN TOTAL, I HAVE TEN FINGERS (En total, tengo 10 dedos)	*In toutal, ai jav ten finguers*
I HAVE TWO FEET (Tengo dos pies)	*Ai jav tu fit*
EACH FOOT HAS FIVE TOES (Cada pie tiene cinco dedos)	*Ich fut jas faiv tous*
IN TOTAL, I HAVE TEN TOES (En total, tengo 10 dedos del pie)	*In toutal, ai jav ten tous*

Vocabulary

Vocabulario

	Traducción	Pronunciación
body	cuerpo	*bodi*
this is my...	este / esta es mi...	*dis is...*
head	cabeza	*jed*
hair	cabello	*jair*
neck	cuello	*nec*
shoulders	hombros	*shoulders*
chest	pecho	*chest*
arm	brazo	*arm*
elbow	codo	*élbou*
hand	mano	*jand*
one	uno/una	*uán*
finger	dedo	*finguer*
waist	cintura	*weist/güeist*

	Traducción	Pronunciación
hips	caderas	*jips*
this are my...	estas/estos son mis...	*diis ar...*
legs	piernas	*legs*
knees	rodillas	*nís*
foot	pie (singular)	*fut*
feet	pies (plural)	*fit*
toes	dedo del pie	*tou*
between	entre	*bituín*
tail	cola	*téil*
none	ninguno	*non*
each	cada	*ich*

Practice

Práctica

	Pronunciación
HOW MANY HANDS DO YOU HAVE? (Cuántas manos tienes?)	*Jáo méni jands du yu jav?*
I HAVE TWO HANDS (Tengo dos manos)	*Ai jav tu jands*
HOW MANY NECKS DO YOU HAVE? (¿Cuántos cuellos tienes?)	*Jáo méni necs du yu jav?*
I HAVE ONLY ONE NECK (Tengo solamente un cuello)	*Ai jav óunli uán nec*
WHERE IS YOUR HAIR? (¿Dónde está tu cabello?)	*Juér is yur jer?*
MY HAIR IS ON MY HEAD (Mi cabello está en mi cabeza)	*Mai jer is on mai jed*
WHERE ARE YOUR FINGERS? (¿Dónde están tus dedos?)	*Juér ar yur finguers?*
MY FINGERS ARE ON MY HANDS (Mis dedos están en mis manos)	*Mai finguers ar on mai jands*
WHERE ARE YOUR TOES? (¿Dónde están tus dedos del pie?)	*Juér ar yur tous?*
MY TOES ARE ON MY FEET. (Mis dedos del pie están en mis pies)	*Mai tous ar on mai fit*

	Pronunciación
WHERE IS YOUR WAIST? (¿Dónde esté tu cintura?)	*Juér is yur weist?*
BETWEEN MY CHEST AND MY HIPS (Entre mi pecho y mis caderas)	*Bituín mai chest and mai jips*
HOW MANY FEET DO YOU HAVE? (¿Cuántos pies tienes?)	*Jáo méni fit do yu jav?*
I HAVE TWO FEET (Tengo dos pies)	*Ai jav tu fit*
HOW MANY LEGS DO YOU HAVE? (¿Cuántas piernas tienes?)	*Jáo méni legs do yu jav?*
I HAVE TWO LEGS (Tengo dos piernas)	*Ai jav tu legs*
HOW MANY TAILS DO YOU HAVE? (¿Cuántas colas tienes?)	*Jáo méni téils do yu jav?*
NONE (Ninguna)	*Non*
BUT MY CAT HAS A VERY LONG TAIL! (¡Pero mi gato tiene una cola muy larga!)	*Bot mai cat jas a veri long téil!*

La forma posesiva

Possessive forms

Para formar el posesivo en inglés —esto es, para indicar que algo pertenece a alguien— se agrega primero un apóstrofo (') y una "s" al final del nombre del propietario, después se agrega la palabra que indica el nombre de la cosa o el lugar de que se habla.

Ana's boyfriend
El novio de Ana
Anas bóifrend.

This is my mother's cat
Este es el gato de mi mamá
Dis is mai móders cat

I am my teacher's favorite student
Yo soy el/la estudiante favorito/a de mi profesor/a
Ai am mai tíchers féivorit stiúdent

Aunt Betty has a house
La tía Betty tiene una casa
Ant Betty jas a jáus

Aunt Betty's house
La casa de tía Betty
Ant Bettys jáus

The children's cake is made of chocolate
El pastel de los niños está hecho de chocolate
De childrens keik is meid of chócolet

GOLDILOCKS AND THE THREE BEARS
(Ricitos de Oro y los tres Ositos)
Góldilocs and de thrí bears

ONCE UPON A TIME...
Hace mucho tiempo…
Uans opón e taim...

THREE BEARS LIVED IN THE FOREST
Tres osos vivían en el bosque
Thrí bers livd in de fórest

THEY WERE FATHER BEAR, MOTHER BEAR AND BABY BEAR
Eran Papá Oso, Mamá Osa y Bebé Oso
Dei wer Fáder Ber, Móder Ber and Béibi Ber

ONE DAY THEY WENT OUT FOR A WALK
Un día salieron a dar un paseo
Uán dei dei went aut for a wok

AND A LITTLE BLONDE GIRL CALLED GOLDILOCKS
y una niñita llamada Ricitos de Oro
and a litol blond guerl cold Góldilocs

ENTERED THEIR HOUSE!
¡entró a su casa!
énterd deir jáus!

SHE WAS VERY HUNGRY, SO SHE ATE BABY BEAR'S OATMEAL
Tenía mucha hambre, así que se comió la avena de Bebé Oso
Shi was veri jóngri, sou shi eit Béibi Ber's óutmil

SHE ALSO SAT ON BABY BEAR'S CHAIR
También se sentó en la silla de Bebé Oso
Shi ólsou sat on Béibi Ber's cher

BUT IT BROKE!
¡pero se rompió!
bot it brouk!

FINALLY, SHE WENT TO SLEEP ON BABY BEAR'S BED
Finalmente, se acostó a dormir en la cama de Bebé Oso
Fáinali, shi went tu slip on Béibi Ber's bed

WHEN THE BEAR FAMILY CAME BACK HOME
Cuando la familia Oso regresó a casa
Juén de ber fámili keim bac joum

BABY BEAR SAID: "WHO ATE MY OATMEAL?"
Bebé Oso dijo: "¿Quién se comió mi avena?"
Béibi Ber sed: "Ju eit mai óutmil?"

THEN HE SAID: "WHO SAT ON MY CHAIR?"
Entonces dijo: "¿Quién se sentó en mi silla?"
Den ji sed: Jú sat on mai cher?

AND FINALLY HE SAID: "WHO IS THAT SLEEPING ON MY BED?"
Y finalmente dijo: "¿Quién está durmiendo en mi cama?"
And fáinali ji sed: "Jú is dat sliping on mai bed?"

THE THREE BEARS WERE LOOKING AT GOLDILOCKS
Los tres osos estaban mirando a Ricitos de Oro
De thrí bers wer luking at Góldilocs

WHEN SUDDENLY SHE WOKE UP!
¡cuando de repente ella despertó!
juén sódenli shi uouc op!

SHE SAW THE THREE BEARS INFRONT OF HER,
Vio a los tres osos frente a ella,
Shi so de thrí bers infront of jer,

AND SHE RAN, AND RAN, AND RAN AWAY,
y corrió, corrió, corrió lejos
and shi ran, and ran, and ran awei,

WHILE THE BEARS WONDERED WHO SHE WAS!
¡mientras los osos se preguntaban quién sería!
juáil de bers wonderd ju shi was!

Vocabulary

Vocabulario

	Traducción	Pronunciación
Goldilocks	Ricitos de Oro	*Góldilocs*
bear	oso	*ber*
Once upon a time...	Hubo una vez...	*Uans opón e taim...*
forest	bosque	*fórest*
walk	caminar, paseo	*wok*
little	pequeña	*litol*
girl	niña	*guerl*
house	casa	*jáus*
hungry	hambrienta	*jóngri*
oatmeal	avena	*óutmil*
chair	silla	*cher*
broke	se rompió	*brouk*
sleep	dormir	*slip*
finally	finalmente	*fáinali*

	Traducción	Pronunciación
bed	cama	*bed*
come back	regresar	*com bac*
came back	regresó/regresaron	*queim bac*
who?	¿quién?	*jú?*
sat	se sentó	*sat*
sit (presente)	sentarse	*sit*
suddenly	de repente	*sódenli*
saw	vio	*so*
see (presente)	ver	*sí*
infront	enfrente	*infront*
ran	corrió	*ran*
run (presente)	correr	*ron*

Practice

Práctica

	Pronunciación
WHO LIVED IN THE FOREST? (¿Quién vivía en el bosque?)	*Ju livd in de fórest?*
THE THREE BEARS LIVED IN THE FOREST (Los tres osos vivían en el bosque)	*De thrí bers livd in de fórest*
WHERE DID THEY GO? (¿A dónde fueron?)	*Juér did dei gou?*
THEY WENT FOR A WALK (Fueron a dar un paseo)	*Dei went for a wok*
WHO WAS GOLDILOCKS? (¿Quién era Ricitos de Oro?)	*Ju was Góldilocs?*
SHE WAS A LITTLE BLONDE GIRL (Era una niñita rubia)	*Shi was a lítol blond guerl*
WHAT DID SHE DO IN THE BEAR'S HOUSE? (¿Qué hizo en la casa de los osos?)	*Juat did shi du in de bers jáus?*
SHE ATE BABY BEAR'S OATMEAL (Se comió la avena de Bebé Oso)	*Shi eit Béibi Bers óutmil*
SHE SAT ON BABY BEAR'S CHAIR (Se sentó en la silla de Bebé Oso)	*Shi sat on Béibi Bers cher*
AND FINALLY, SHE WENT TO SLEEP ON BABY BEAR'S BED (Y finalmente, se durmió en la cama de Bebé Oso)	*And fáinali, shi went tu slip on Beibi Bers bed*

	Pronunciación
WAS BABY BEAR ANGRY? (¿Estaba enojado Bebé Oso?)	*Was Béibi Ber ángri?*
YES, HE WAS VERY ANGRY (Sí, estaba muy enojado)	*Yes, ji was veri ángri.*
WHY? (¿Por qué?)	*Juái?*
BECAUSE GOLDILOCKS BROKE HIS CHAIR! (¡Porque Ricitos de Oro rompió su silla!)	*Bicós Góldilocs brouk jis cher!*
WHERE DID THE BEARS FIND GOLDILOCKS? (¿Dónde encontraron los osos a Ricitos de Oro?)	*Juér did de bers faind Góldilocs?*
THEY FOUND HER ON BABY BEAR'S BED (La encontraron en la cama de Bebé Oso)	*Dei faund jer on Béibi Bers bed*
WHAT DID GOLDILOCKS DO? (¿Qué hizo Ricitos de Oro?)	*Juat did Góldilocs du?*
SHE RAN AWAY (Corrió lejos)	*Shi ran awei*
WAS SHE SCARED? (¿Estaba asustada?)	*Was shi squerd?*
YES, VERY SCARED! (Sí, ¡muy asustada!)	*Yes, veri squerd!*
WHAT DID THE BEARS DO? (¿Qué hicieron los osos?)	*Juat did de bers du?*
THEY WONDERED WHO SHE WAS (Se preguntaban quién sería ella)	*Dei wonderd ju shi was*

My family

Mi familia

Pronunciación

I HAVE A BIG FAMILY. (Yo tengo una familia grande)		Ai jav a big fámili
I HAVE A MOTHER (Tengo una mamá)		Ai jav a móder
A FATHER (Un papá)		A fáder
TWO SISTERS (Dos hermanas)		Tu sísters
AND ONE BROTHER (Y un hermano)		And uán bróder
I LOVE THEM ALL VERY MUCH (Yo los quiero mucho a todos)		Ai lov dem ol veri moch
MY MOTHER'S NAME IS RITA (Mi mamá se llama Rita)		Mai móders néim is Rita
SHE IS VERY PRETTY (Ella es muy bonita)		Shi is veri príti
MY FATHER'S NAME IS CARLOS (El nombre de mi papá es Carlos)		Mai fáders néim is Carlos
HE WORKS VERY HARD (Él trabaja muy duro)		Ji werks very jard

	Pronunciación
MY SISTER SOFIA IS EIGHTEEN YEARS OLD (Mi hermana Sofía tiene 18 años)	*Mai síster Sofía is eitin yíers ould*
AND ANTONIO AND CARLA ARE FOURTEEN YEARS OLD (Y Antonio y Carla tienen 14 años)	*And Antonio and Carla ar fortín yíers ould*
ANTONIO AND CARLA ARE TWINS (Antonio y Carla son gemelos)	*Antonio and Carla ar tuíns*
SO THEY ARE THE SAME AGE (Así que son de la misma edad)	*Sou dei ar de seim eich*
I HAVE A VERY GOOD GRANDMOTHER (Tengo una abuela muy buena)	*Ai jav a veri gud grándmoder*
SHE MAKES DELICIOUS "ATOLE" (Hace un atole delicioso)	*Shi meiks delíshhos atole*
SHE ALSO TELLS US STORIES (También nos cuenta cuentos)	*Shi ólsou tels os stóris*
I ALSO HAVE MANY AUNTS AND UNCLES (También tengo muchas tías y tíos)	*Ai ólsou jav méni ants and óncols*
COUSINS (primos/as)	*cósins*
NIECES (sobrinas)	*níses*
AND NEPHEWS (y sobrinos)	*y néfius*
MY GODFATHER IS OUR NEIGHBOR, ALBERTO (Mi padrino es nuestro vecino, Alberto)	*Mai godfáder is áur néibor, Alberto*
HE IS VERY GOOD TO ME (Es muy bueno conmigo)	*Ji is veri gud tu mí*

	Pronunciación
HE ALWAYS GIVES ME CHOCOLATES (Siempre me da chocolates)	Ji ólweis guivs mí chócolets
I LOVE CHOCOLATES! (¡A mí me encantan los chocolates!)	Ai lov chócolets!
ALL MY FAMILY LIVES IN MEXICO CITY (Toda mi familia vive en la Ciudad de México)	Ol mai fámili livs in Mécsicou Citi
EXCEPT MY UNCLE JOHN (Excepto mi tío Juan)	Except mai óncol Yon
HE LIVES IN DETROIT, MICHIGAN (Él vive en Detroit, Michigan)	Ji livs in Ditroit, Mísshigan
MAYBE I WILL VISIT HIM SOME DAY (Quizá lo visitaré algún día)	Méibi ai wil visit jim som dei
MY COUSIN JANICE IS HIS DAUGHTER (Mi prima Janice es su hija)	Mai cósin Yánis is jis dóter
AND COUSIN PHILIP IS HIS SON (Y el primo Felipe es su hijo)	And cósin Fílip is jis son

Vocabulary

Vocabulario

	Traducción	Pronunciación
I have	Yo tengo	*Ai jav*
big	grande	*big*
family	familia	*fámili*
mother	madre	*móder*
father	padre	*fáder*
sister	hermana	*síster*
brother	hermano	*bróder*
grandmother	abuela	*grándmoder*
grandfather	abuelo	*grándfader*
aunt	tía	*ant*
uncle	tío	*óncol*
cousin	primo (a)	*cósin*
niece	sobrina	*nis*
nephew	sobrino	*néfiu*
godfather	padrino	*godfáder*
godmother	madrina	*godmóder*

	Traducción	Pronunciación
twins	gemelos	*tuíns*
pretty	bonita	*príti*
works	trabaja	*werks*
hard	duro	*jard*
name	nombre	*néim*
love	querer, quiero	*lov*
I am... years old	Tengo... años	*Ai am... yíers óuld*
delicious	delicioso	*delíshhos*
daughter	hija	*dóter*
son	hijo	*son*
always	siempre	*ólweis*
neighbor	vecino	*néibor*
aunt	tía	ant
uncle	tío	óncol
cousin	primo (a)	cósin
niece	sobrina	nis
nephew	sobrino	néfiu
godfather	padrino	gódfáder
godmother	madrina	gódmóder

Practice

Práctica

Pronunciación

DO YOU HAVE A BIG FAMILY? (¿Tienes una familia grande?)	Du yu jav a big fámili?
YES, I HAVE A BIG FAMILY (Sí, tengo una familia grande)	Yes, ai jav a big fámili
HOW MANY BROTHERS DO YOU HAVE? (¿Cuántos hermanos tienes?)	Jáo méni bróders du yu jav?
I HAVE ONLY ONE BROTHER (Sólo tengo un hermano)	Ai jav óunli uán bróder
HOW MANY SISTERS DO YOU HAVE? (¿Cuántas hermanas tienes?)	Jáo méni sisters du yu jav?
I HAVE TWO SISTERS (Tengo dos hermanas)	Ai jav tu sisters
DO YOU LOVE THEM? (¿Los quieres?)	Du yu lov dem?
YES, I LOVE THEM VERY MUCH (Sí, los quiero mucho)	Yes, ai lov dem veri moch
HOW IS YOUR MOTHER? (¿Cómo es tu mamá?)	Jáo is yur móder?
MY MOTHER IS VERY PRETTY AND INTELLIGENT (Mi mamá es muy bonita e inteligente)	Mai móder is veri príti and inteliyent
DOES YOUR FATHER WORK? (¿Trabaja tu papá?)	Dos yur fáder werk?

	Pronunciación
YES, HE WORKS VERY HARD (Sí, trabaja muy duro)	*Yes, ji werks veri jard*
WHAT DOES HE DO FOR A LIVING? (¿En qué trabaja él?)	*Juat dos ji du for a living?*
HE IS A MECHANICAL ENGINEER (Él es ingeniero mecánico)	*Ji is a mecánical enyeníer*
WHY ARE ANTONIO AND CARLA THE SAME AGE? (¿Por qué son de la misma edad Antonio y Carla?)	*Juái ar Antonio and Carla de seim eich?*
BECAUSE THEY ARE TWINS (Porque son gemelos)	*Bicós dei ar tuíns*
HOW OLD IS SOFIA? (¿Cuántos años tiene Sofía?)	*Jáo óuld is Sofía?*
SHE IS EIGHTEEN YEARS OLD (Tiene 18 años)	*Shi is eitín yíers óuld*
WHO TELLS YOU STORIES? (¿Quién les cuenta cuentos?)	*Ju tels yu stóris?*
MY GRANDMOTHER DOES (Mi abuela lo hace)	*Mai gránddmoder dos*
DO YOU HAVE FAMILY IN MICHIGAN? (¿Tienes familia en Michigan?)	*Du yu jav fámili in Mísshigan?*
YES, I HAVE MY UNCLE JOHN AND MY COUSINS JANICE AND PHILIP (Sí, tengo a mi tío Juan y a mis primos Janice y Philip)	*Yes, ai jav mai óncol Yon and mai cósins Yánis and Fílip*

Dinner time

La hora de la cena

	Pronunciación
IT IS DINNER TIME (Es la hora de la cena)	*It is díner taim*
MY FAMILY EATS TOGETHER (Mi familia cena junta)	*Mai fámili its tugueder*
WHAT DO YOU LIKE TO HAVE FOR DINNER? (¿Qué les gusta cenar?)	*Juat du yu laic tu jav for díner?*
WE LIKE TO HAVE TACOS WITH GUACAMOLE FOR DINNER (Nos gusta cenar tacos con guacamole)	*Wi laik to jav tacos wid gucamole for díner*
I MUST HELP MY MOTHER (Debo ayudar a mi madre)	*Ai most jelp mai móder*
HOW? (¿Cómo?)	*Jáo?*
WILL SET THE TABLE (Yo pondré la mesa)	*Ai wil set de téibol*
WHAT DO I NEED? (¿Qué necesito?)	*Juat du ai nid?*
I NEED PLATES AND CUPS (Necesito platos y tazas)	*Ai nid pleits and cops*

Dinner time / La hora de la cena	Pronunciación
KNIVES TO CUT MY MEAT (cuchillos para cortar mi carne)	náivs tu cot mai mit
FORKS TO EAT IT (tenedores para comerla)	forcs tu it it
SPOONS TO STIR MY COFFEE (cucharas para menear mi café)	spuns tu stir mai cófi
TABLESPOONS TO EAT MY SOUP (cucharas soperas para tomar mi sopa)	Téibol spuns tu it mai sup
WARM TORTILLAS FOR MY BEANS (tortillas calientes para mis frijoles)	worm tortillas for mai bins
AND A BIG FLAN FOR DESSERT! (¡y un gran flan de postre!)	and a big flan for disért!
I WILL ALSO PUT SALT AND PEPPER SHAKERS (También pondré el salero y el pimientero)	Ai wil ólsou put solt and péper shéikers
AND A NAPKIN TO WIPE MY HANDS AND MOUTH (y una servilleta para limpiarme las manos y la boca)	and a napkin tu wáip mai jands and máud
DOES YOUR FAMILY HAVE BREAKFAST TOGETHER, TOO? (¿Tu familia también desayuna junta?)	Dos yur fámili jav brékfast tugueder, tu?
ONLY ON WEEKENDS! (¡Sólo los fines de semana!)	Óunli on wíkends

Vocabulary

Vocabulario

Vocabulary	Traducción	Pronunciación
dinner	cena	díner
to have dinner	cenar	tu jav díner
we have dinner	nosotros cenamos	wi jav díner
to have breakfast	desayunar	tu jav brékfast
I eat breakfast	yo desayuno	ai it brékfast
time	hora	taim
help	ayudar	jelp
table	mesa	téibol
need	necesitar	nid
plates	platos	pleits
cups	tazas	cops
knives	cuchillos	náivs
flan	flan	flan
forks	tenedores	forcs
spoons	cucharas	spuns
coffee	café (bebida)	cófi

	Traducción	Pronunciación
tablespoons	cucharas soperas	*téibolspuns*
soup	sopa	*sup*
beans	frijoles	*bins*
also	también	*ólsou*
salt shaker	salero	*solt sheiker*
pepper shaker	pimientero	*péper sheiker*
dessert	postre	*disért*
there is	hay	*der is*

Practice

Práctica

	Pronunciación
IS IT BREAKFAST TIME? (¿Es la hora de desayunar?)	Is it brékfast taim?
NO, IT IS NOT BREAKFAST TIME (No, no es la hora de desayunar)	Nou, it is not brékfast taim
IT IS DINNER TIME (Es la hora de cenar)	It is díner taim
DOES YOUR FAMILY EAT DINNER TOGETHER? (¿Cena junta tu familia?)	Dos yur fámili it díner tugueder?
YES, MY FAMILY EATS DINNER TOGETHER (Sí, mi familia cena junta)	Yes, mai fámili its díner tugueder
DOES YOUR FAMILY EAT TOGETHER AT NOON? (¿Tu familia come junta al mediodía?)	Dos yur fámili it tugueder at nun?
NO, WE CAN´T (No, no podemos)	Nou, wi cant
MY DAD WORKS, AND I AM IN SCHOOL (My papá trabaja y yo estoy en la escuela)	Mai dad werks and ai am in scul
HOW DO YOU HELP YOUR MOTHER? (Cómo ayudas a tu madre?)	Jáo du yu jelp yur móder?
I SET THE TABLE (Yo pongo la mesa)	Ai set de téibol

	Pronunciación
WHY DO YOU NEED KNIVES? (¿Por qué necesitan cuchillos?)	*Juái du yu nid náivs?*
TO CUT THE MEAT (Para cortar la carne)	*Tu cot de mit*
DO YOU DRINK WATER? (¿Beben agua?)	*Du yu drink woter?*
NO, WE DO NOT DRINK WATER (No, nosotros no bebemos agua)	*Nou, wi du not drink woter*
WE DRINK COFFEE (Bebemos café)	*Wi drink cófi*
WHAT IS THERE FOR DESSERT? (¿Qué hay de postre?)	*Juat is der for disért?*
THERE IS FLAN (Hay flan)	*Der is flan*

The colors

Los colores

Pronunciación

English (Español)	Pronunciación
WHAT COLOR IS THE SKY? (¿De qué color es el cielo?)	Juat color is de scai?
THE SKY IS BLUE (El cielo es azul)	De scai is blu
WHAT COLOR IS AN APPLE? (¿De qué color es una manzana?)	Juat color is an ápol?
APPLES ARE RED (Las manzanas son rojas)	Ápols ar red
WHAT COLOR IS THE GRASS? (¿De qué color es el pasto?)	Juat color is de gras?
THE GRASS IS GREEN (El pasto es verde)	De gras is grin
WHAT COLOR IS MILK? (¿De qué color es la leche?)	Juat color is milk?
MILK IS WHITE (La leche es blanca)	Milk is juait
WHAT COLOR ARE BANANAS? (¿De qué color son los plátanos?)	Juat color ar bananas?

	Pronunciación
BANANAS ARE YELLOW (Los plátanos son amarillos)	*Bananas ar yélou*
WHAT COLOR ARE ORANGES? (¿De qué color son las naranjas?)	*Juat color ar óranyes?*
ORANGES ARE ORANGE! (¡Las naranjas son anaranjadas!)	*Óranyes ar óranch!*
WHAT COLOR ARE ELEPHANTS? (¿De qué color son los elefantes?)	*Juat color ar élefants?*
ELEPHANTS ARE GREY (Los elefantes son grises)	*Élefants ar grei*
WHAT COLOR ARE FLAMINGOES? (¿De qué color son los flamingos?)	*Juat color ar flamingous?*
FLAMINGOES ARE PINK (Los flamingos son color de rosa)	*Flamingous ar pink*
WHAT COLOR IS WOOD? (¿De qué color es la madera?)	*Juat color is wud?*
WOOD IS BROWN (La madera es café)	*Wud is bráun*
WHAT COLOR IS CHARCOAL? (¿De qué color es el carbón?)	*Juat color is chárcoul?*
CHARCOAL IS BLACK (El carbón es negro)	*Chárcoul is blac*
WHAT COLOR IS A RAINBOW? (¿De qué color es un arco iris?)	*Juat color is a réinbou?*
A RAINBOW HAS MANY COLORS (Un arco iris tiene muchos colores)	*A réinbou jas méni colors*

Vocabulary

Vocabulario

	Traducción	Pronunciación
what	¿qué?	*juat*
the	el / la / los / las	*de*
sky	cielo	*scai*
blue	azul	*blu*
apple	manzana	*ápol*
red	rojo	*red*
grass	pasto	*gras*
green	verde	*grin*
milk	leche	*milk*
white	blanco	*juait*
banana	plátano	*banana*
yellow	amarillo	*yélou*
orange	naranja / anaranjado	*óranch*
elephant	elefante	*élefant*
grey	gris	*grei*
flamingo	flamingo	*flamingou*

	Traducción	Pronunciación
pink	rosa	*pink*
wood	madera	*wud*
brown	café	*bráun*
charcoal	carbón	*chárcoul*
rainbow	arco iris	*réinbou*

Poem

Poema

ROSES ARE RED
(Las rosas son rojas)
Rouses ar red

VIOLETS ARE BLUE
(las violetas, azules)
vaiolets ar blu

SUGAR IS SWEET
(el azúcar es dulce)
shugar is suit

AND SO ARE YOU!
(¡y así eres tú!)
and sou ar yú!

Practice

Práctica

WHAT COLOR IS THE SEA?
(¿De qué color es el mar?)
Juat color is de sí?

THE SEA IS_____
(El mar es azul)
De sí is_____

WHAT COLOR IS THE MEXICAN FLAG?
(¿De qué color es la bandera mexicana?)
Juat color is di mécsican flag?

THE MEXICAN FLAG IS_____, _____AND _____
(La bandera mexicana es verde, blanca y roja)
Di mécsican flag is_____, _____and _____

WHAT COLOR IS THE AMERICAN FLAG?
(¿De qué color es la bandera americana?)
Juat color is di américan flag?

THE AMERICAN FLAG IS_____, _____AND_____
(La bandera americana es roja, azul y blanca)
Di américan flag is_____ , _____and _____

WHAT COLOR IS A MACAW?
(¿De qué color es una guacamaya?)
Juat color is a párrot?

MACAWS ARE_____
(Las guacamayas son rojas)
Macós ar_____

WHAT COLOR ARE THE CLOUDS?
(¿De qué color son las nubes?)
Juat color ar de cláuds?

THE CLOUDS ARE_____
(Las nubes son blancas)
De cláuds ar_____

WHAT COLOR IS A FROG?
(¿De qué color es una rana?)
Juat color is a frog?

FROGS ARE_____
(Las ranas son verdes)
Frogs ar_____

WHAT COLOR IS CHOCOLATE?
(¿De qué color es el chocolate?)
Juat color is chócolet?

CHOCOLATE IS_____
(El chocolate es café)
Chócolet is_____

Numbers

Los números

	Tradución	**Pronunciación**
One	Uno	*uan*
Two	Dos	*tu*
Three	Tres	*Dri*
Four	Cuatro	*four*
Five	Cinco	*faif*
Six	Seis	*sigs*
Seven	Siete	*seven*
Eight	Ocho	*eit*
Nine	Nueve	*nain*
Ten	Diez	*ten*
Eleven	Once	*ileven*
Twelve	Doce	*tuelv*
Thirteen	Trece	*dirtin*
Fourteen	Catorce	*fortín*
Fifteen	Quince	*fiftín*

Sixteen	Dieciséis	*sigstín*
Seventeen	Diecisiete	*seventín*
Eighteen	Dieciocho	*eitín*
Nineteen	Diecinueve	*naintín*
Twenty	Veinte	*tueni*
Twenty one	Veintiuno	*tueni uan*
Thirty	Treinta	*dirti*
Forty	Cuarenta	*fori*
Fifty	Cincuenta	*fifti*
One hundred	Cien	*uan jóndred*
One thousand	Mil	*uan tousán*
One million	Un millón	*uan mílion*
One billion	Mil millones	*uan bílion*

Para formar cifras diferentes a las que aparecen en el texto anterior, sólo tienes que recordar lo siguiente: se forman igual que en español, menos la "y"!

21	TWENTY ONE veintiuno	(veinte + uno) (*tueniuán*)
22	TWENTY TWO veintidós	(veinte + dos) (*tuenitú*)

45	FORTY FIVE cuarenta y cinco	(cuarenta + cinco) (*forifaif*)
84	EIGHTY FOUR ochenta y cuatro	(ochenta + cuatro) (*eitifór*)
99	NINETY NINE noventa y nueve	(noventa + nueve) (*naintináin*)
108	ONE HUNDRED AND EIGHT ciento ocho	(cien + ocho) (*uán jóndred and eit*)
200	TWO HUNDRED doscientos	(dos cientos) (*tu jondred*)
600	SIX HUNDRED seiscientos	(seis cientos) (*six jondred*)
900	NINE HUNDRED novecientos	(nueve cientos) (*nain jondred*)
1 000	ONE THOUSAND mil	(un mil) (*uan tousand*)
1 200	ONE THOUSAND TWO HUNDRED mil doscientos	(un mil + doscientos) (*uan tousand tú jondred*)
10 000	TEN THOUSAND diez mil	(diez miles) (*ten tousand*)
60 000	SIXTY THOUSAND sesenta mil	(sesenta miles) (*sixti tousand*)
1 00000	ONE HUNDRED THOUSAND cien mil	(un ciento de miles) (*uan jondred tousand*)

Las fechas

The dates

Este es el único caso en que los números cambian.
Ejemplos:

1989 (Mil novecientos ochenta y nueve)	nineteen eighty nine (*naintín eiti nain*)
1810 (Mil ochocientos diez)	eighteen ten (*eitín ten*)

Números ordinales

Ordinal numbers

Los números ordinales se utilizan —como su nombre lo indica— para mostrar un orden. En inglés se utilizan para hablar de:

a) Los días del mes
   Ejemplo: Today is March 28th.
   Hoy es veintiocho de marzo. (*Tudei is march tuentieith*)

b) Los grados escolares (igual que en español)
   Ejemplo: Judy is in third grade.
   Judy está en tercer grado. (*Yudi is in therd greid*)

c) Orden general (igual que en español)
   Ejemplo: This is my first lesson.
   Esta es mi primera lección. (*Dis is mai ferst léson*)

Para indicar que se trata de un número ordinal, sólo agrega "th" inmediatamente después del número, con excepción de los terminados en 1, 2 y 3.
Ejemplos:

primero	lst	first
segundo	2nd	second
tercero	3rd	third
cuarto	4th	fourth
quinto	5th	fifth (la "ve", de "five" cambia a "f"
sexto	6th	sixth
séptimo	7th	seventh
octavo	8th	eighth
noveno	9th	ninth (la "e" de "nine", desaparece
décimo	10th	tenth
onceavo	11th	eleventh
doceavo	12th	twelfth (la "ve", de twelve, cambia a "f")

Nota: al igual que en los plurales, los números terminados en "y" cambian la "y" por "ie" y se les agrega la "th".
Ejemplos:

Twentieth   (vigésimo)
One hundredth   (centésimo)
One thousandth   (milésimo)

Practice

Práctica

	Pronunciación
I HAVE ONE HEAD (Yo tengo una cabeza)	*Ai jav UÁN jed*
YOU HAVE TWO HANDS (Tú tienes dos manos)	*Yu jav TU jands*
THE MEXICAN FLAG HAS THREE COLORS (La bandera mexicana tiene tres colores)	*De Mécsican flag jas THRÍ colors*
HORSES HAVE FOUR LEGS (Los caballos tienen cuatro patas)	*Jórses jav FOR legs*
EACH HAND HAS FIVE FINGERS (cada mano tiene cinco dedos)	*Ich jand jas FAIV finguers*
A DICE HAS SIX SIDES (Un dado tiene seis lados)	*A dais jas SIX saids*
SNOW WHITE AND THE SEVEN DWARFS (Blanca Nieves y los Siete Enanos)	*Snou Juait and de SÉVEN Duarfs*
SPIDERS HAVE EIGHT LEGS (Las arañas tienen ocho patas)	*Spáiders jav EIT legs*
DO CATS HAVE NINE LIVES? (¿Tienen los gatos nueve vidas?)	*Du cats jav NAIN laivs?*
I HAVE TEN TOES (Yo tengo diez dedos en los pies)	*Ai jav TEN tous*
CRISTINA IS FIFTEEN YEARS OLD (Cristina tiene quince años)	*Cristina is FIFTÍN yíers óuld*

	Pronunciación
A DAY HAS TWENTY FOUR HOURS (Un día tiene veinticuatro horas)	A dei jas TUENTI FOR auers
DO CENTIPEDES HAVE ONE HUNDRED FEET? (¿Tienen los ciempiés cien pies?)	Du centipids jav UÁN JONDRED fit?
I KNOW ONE THOUSAND WORDS IN ENGLISH (Yo sé mil palabras en inglés)	Ai nou UÁN THAUSAND werds in ínglishh
MY COUSIN WANTS TO HAVE ONE MILLION EUROS! (¡Mi primo quiere tener un millón de euros!)	Mai cósin wants tu jav UÁN MILION yúros!
TOMMY IS THE FIRST IN HIS CLASS (Tommy es el primero en su clase)	Tómi is de FIRST in jis clas
WHO WAS HENRY VIII (THE EIGHTH)? (¿Quién fue Enrique VIII [octavo]?)	Ju was Jénri di EITH?
THIS IS THE SECOND TIME YOU EAT CAKE (Esta es la segunda vez que comes pastel)	Dis is de SECOND taim yu it keik
FOR THE HUNDREDTH TIME, STOP IT! (Por centésima vez ¡detente!)	For de JONDREDTH taim, stop it!
ELIZABETH II (THE SECOND) IS THE QUEEN OF ENGLAND (Elizabeth II [segunda] es la reina de Inglaterra)	Elizabeth de SECOND is de cuín of Ingland
FIRST OF ALL, SAY THANK YOU! (Primero que nada, di ¡gracias!)	FERST of ol, sei thénkiu!

My house

Mi casa

	Pronunciación
WE LIVE IN A HOUSE (Nosotros vivimos en una casa)	*Wi liv in a jáus*
MY HOUSE HAS THREE BEDROOMS (Mi casa tiene tres recámaras)	*Mai jáus jas thrí bédrums*
TWO BATHROOMS (dos baños)	*tu báthrums*
WITH A BATHTUB AND A SHOWER (con una bañera y una regadera)	*wid a báthtob and a sháuer*
A LIVING ROOM WHERE MY PARENTS RECEIVE THEIR FRIENDS (una sala donde mis papás reciben a sus amigos)	*a living rum juér mai pérents riciv deir frends*
A DINING ROOM WHERE WE ALL EAT (un comedor donde todos comemos)	*a dáining rum juér wi ol it*
AND MY MOTHER'S KITCHEN IS HUGE! (¡y la cocina de mi mamá es enorme!)	*and mai móders kitchen is jiúch!*
OUR HOUSE HAS A BIG BLACK DOOR (Nuestra casa tiene una gran puerta negra)	*Áur jáus jas a big blac dor*

	Pronunciación
AND ELEVEN WINDOWS! (¡y 11 ventanas!)	*and iléven windows!*
WE HAVE A GARAGE FOR THE CAR (Tenemos un garage para el coche)	*Wi jav a garashh for de car*
IN THE BACK, THERE IS A PATIO (Atrás está un patio)	*In de back, der is a patio*
WHERE I PLAY WITH MY DOG "KAISER" (Donde juego con mi perro "Kaiser")	*Juér ai plei wid mai dog "Kaiser"*
MY HOUSE IS ALWAYS FULL OF FLOWERS (Mi casa está siempre llena de flores)	*Mai jáus is ólweis ful of fláuers*
BECAUSE MY MOTHER LIKES THEM VERY MUCH (porque a mi mamá le gustan mucho)	*bicós mai móder láics dem*
I LIKE MY HOUSE BECAUSE IT IS CLEAN AND HAPPY (Me gusta mi casa porque está limpia y alegre)	*Ai laic mai jáus bicós it is clin and jápi*
I SLEEP IN THE SAME ROOM WITH MY BROTHER ANTONIO (Yo duermo en el mismo cuarto con mi hermano Antonio)	*Ai slip in de seim rum wid mai bróder Antonio*
BUT WE DON'T FIGHT (pero no nos peleamos)	*bot wi dóunt fáit*

Vocabulary

Vocabulario

	Traducción	Pronunciación
house	casa	jáus
live	vivir	liv
bedroom	recámara	bédrum
bathroom	baño	báthrum
living room	sala	líving rum
dining room	comedor	dáining rum
kitchen	cocina	kitchen
huge	enorme	jiúch
door	puerta	dor
window	ventana	window
black	negro	blac
garage	garage	garash
patio	patio	patio
dog	perro	dog
where	donde	juér
sleep	dormir	slip

	Traducción	Pronunciación
room	cuarto	*rum*
clean	limpio	*clin*
happy	alegre	*jápi*
same	mismo	*seim*
in the back	atrás	*in de bac*
flowers	flores	*fláuers*
full of	lleno de	*ful of*
fight	pelear	*fáit*
but	pero	*bot*
car	coche	*car*
receive	recibir	*riciv*
friends	amigos	*frends*
bathtub	tina de baño, bañera	*báthtob*
shower	regadera, ducha	*sháuer*

Practice

Práctica

	Pronunciación
WHAT IS A HOUSE? (¿Qué es una casa?)	*Juat is a jáus?*
IT IS THE PLACE WHERE YOU LIVE (Es el lugar donde tú vives)	*It is de pléis juér yu liv*
WHERE DO YOU EAT? (¿Dónde comes?)	*Juér du yu it?*
I EAT IN THE DINING ROOM (Yo como en el comedor)	*Ai it in de dáining rum*
IS THE DINING ROOM PART OF THE HOUSE? (¿Es el comedor parte de la casa?)	*Is de dáining rum part of de jáus?*
YES, IT IS (Sí lo es)	*Yes, it is*
WHERE DO YOU SLEEP? (¿Dónde duermes?)	*Juér du yu slip?*
I SLEEP IN MY BEDROOM (Yo duermo en mi recámara)	*Ai slip in mai bédrum*
WHERE DOES YOUR MOTHER COOK? (¿Dónde cocina tu mamá?)	*Juér dos yur móder cuk?*
SHE COOKS IN THE KITCHEN (Ella cocina en la cocina)	*Shi cuks in de kitchen*

	Pronunciación
WHERE DO YOU BRUSH YOUR TEETH? (¿Dónde te cepillas los dientes?)	*Juér du yu broshh yur tid?*
I DO IT IN THE BATHROOM (Lo hago en el baño)	*Ai du it in de báthrum*
WHERE DO YOU WASH? (¿Dónde te lavas?)	*Juér du yu wash?*
I WASH AND BATHE IN THE BATHROOM, TOO (Yo me lavo y me baño en el baño también)	*Ai woshh and béid in de báthrum, tú*
HOW MANY DOORS DOES YOUR HOUSE HAVE? (¿Cuántas puertas tiene tu casa?)	*Jáo méni dors dos yur jáus jav?*
IT HAS ONLY ONE DOOR (Sólo tiene una puerta)	*It jas óunli uán dor*
AND HOW MANY BEDROOMS? (¿Y cuántas recámaras?)	*And jáo méni bédrums?*
IT HAS THREE BEDROOMS (Tiene tres recámaras)	*It jas thrí bédrums*
AND WINDOWS? (¿Y ventanas?)	*And windows?*
IT HAS ELEVEN WINDOWS! (¡Tiene 11 ventanas!)	*It jas iléven windows!*

My school

Mi escuela

	Pronunciación
I AM A STUDENT (Soy estudiante)	Ai am a stúdent
I GO TO SCHOOL (Yo voy a la escuela)	Ai gou tu scul.
ALL MY FRIENDS GO TO SCHOOL (Todos mis amigos van a la escuela)	Ol mai frends gou tu scul
WE GO TO SCHOOL EVERY DAY (Vamos a la escuela todos los días)	Wi gou tu scul evri dei
I HAVE MANY TEACHERS (Yo tengo muchos maestros)	Ai jav méni tíchers
ONE TEACHES ME GRAMMAR, THE OTHER ALGEBRA (Una me enseña gramática, la otra álgebra)	Uán tiches mí grámar, di óder ályebra
ANOTHER TEACHER TEACHES ME FRENCH (Otra maestra me enseña francés)	Anóder tícher tíches mi French
MY HISTORY TEACHER KNOWS A LOT ABOUT THE WORLD! (¡Mi maestro de historia sabe mucho sobre el mundo!)	Mai Jístori tícher nóus a lot abaut de werld!

	Pronunciación
SHE TAUGHT ME THAT CALIFORNIA, TEXAS, AND NEW MEXICO WERE PART OF MEXICO BEFORE (Me enseñó que California, Texas, y Nuevo México eran parte de México antes)	*Shi tot me dat California, Técsas, and Niú Niú Mécsicou wer part of Mécsicou bifór)*
I DIDN´T KNOW THAT! (¡Yo no sabía eso!)	*Ai didont nou dat!*
THAT IS WHY THE NAMES OF MANY CITIES ARE IN SPANISH! (Por eso los nombres de muchas ciudades están en español)	*Dat is juái de néims of méni citis ar in Spanishh*
MY TEACHERS ARE NICE (Mis maestros son agradables)	*Mai tíchers ar nais*
I LIKE THEM VERY MUCH (a mí me caen muy bien)	*ai laic dem veri moch*
SO I LEARN FAST (así que aprendo rápido)	*So ai lern fast*
MY SCHOOL IS BIG (Mi escuela es grande)	*Mai scul is big*
IT HAS TWENTY CLASSROOMS (tiene 20 salones de clases)	*it jas tuénti clásrums*
A CAFETERIA TO EAT LUNCH (una cafeteria para comer el lonch)	*a cafitíria tu it lonch*
AND A BIG YARD FOR RECESS (y un gran patio para recreo)	*and a big yard for ríses*
I HAVE A DESK AND A CHAIR (Yo tengo un pupitre y una silla)	*Ai jav a desc and a cher*

	Pronunciación
I TAKE MANY BOOKS AND NOTEBOOKS TO SCHOOL (Yo llevo muchos libros y cuadernos a la escuela)	*Ai teik méni buks and noutbuks tu scul*
ALSO A PENCIL (también un lápiz)	*ólsou a pénsil*
A PEN (una pluma)	*a pen*
AND A CALCULATOR (y una calculadora)	*y a cálkiuleitor*
I KEEP MY NOTES VERY CLEAN (Yo mantengo mis notas muy limpias)	*Ai kip mai nouts veri clin*

Vocabulary

Vocabulario

	Traducción	Pronunciación
school	escuela	*scul*
my	mi	*mai*
I am	yo soy	*ai am*
a	un/una	*a*
student	estudiante	*stúdent*
friends	amigos	*frends*
go	ir (van)	*gou*
teacher	maestro(a)	*tícher*
teaches (del verbo to teach)	enseña	*tiches*
another	otro(a)	*anóder*
grammar	gramática	*grámar*
algebra	álgebra	*ályebra*
history	historia	*jístori*
knows	sabe	*nous*
a lot	mucho	*a lot*
about	sobre	*abáut*

	Traducción	Pronunciación
the world	el mundo	de wérld
before	antes	bifór
cities	ciudades	citis
names	nombres	néims
nice	agradable	nais
like	gustar	laic
very much	mucho	veri moch
learn	aprender	lern
fast	rápido	fast
big	grande	big
twenty	veinte	tuénti
classrooms	salones de clases	clásrums
yard	patio	yard
recess	recreo	ríses
I have	yo tengo	ai jav
desk	escritorio	desc
chair	silla	cher
every	cada	évri
day	día	dei

	Traducción	Pronunciación
every day	cada día o todos los días	*évri dei*
books	libros	*buks*
notebooks	cuadernos	*noutbuks*
pencil	lápiz	*pénsil*
pen	pluma	*pen*
calculator	calculadora	*cálkiuleitor*
keep	mantener	*kip*
notes	notas	*nouts*
clean	limpia(s)	*clin*

Practice

Práctica

	Pronunciación
DO YOU GO TO SCHOOL? (¿Vas a la escuela?)	*Du yu gou tu scul?*
YES, I GO TO SCHOOL (Sí, voy a la escuela)	*Yes, ai gou tu scul*
HOW MANY TEACHERS DO YOU HAVE? (¿Cuántos maestros tienes?)	*Jáo méni tíchers du yu jav?*
I HAVE MANY TEACHERS (Tengo muchos maestros.)	*Ai jav méni tíchers.*
WHAT DO THEY TEACH YOU? (¿Qué te enseñan?)	*Juat du dei tích?*
GRAMMAR, HISTORY, ALGEBRA, AND FRENCH (Gramática, historia, álgebra y francés)	*Grámar, jístori, ályebra, and French*
DO YOU LEARN WORLD GEOGRAPHY? (¿Aprendes geografía universal?)	*Du yu lern werld llíografi?*
NOT YET (Todavía no)	*Not yet*
WHAT DO YOU TAKE TO SCHOOL? (¿Qué llevas a la escuela?)	*Juat du yu teik tu scul?*
MANY BOOKS, NOTEBOOKS (Muchos libros, cuadernos)	*Méni buks, noutbuks*
PENCIL, PEN AND A CALCULATOR (lápiz, pluma y una calculadora)	*pénsil, pen and a cálkiuleitor*

Computers

Las computadoras

COMPUTERS HAVE CHANGED THE WORLD
Las computadoras han cambiado al mundo
Compiúters jav chéinchd de werld

THERE ARE DESKTOP COMPUTERS AND PORTABLE
COMPUTERS, KNOWN AS LAPTOPS
Hay computadoras de escritorio y computadoras pórtatiles,
conocidas como *laptops*
Der ar desktop compiúters and pórtabol compiúters, noun as laptops

SOME USE A MOUSE AND OTHERS HAVE A TOUCH SCREEN
Algunas usan un mouse y otras tienen pantalla táctil)
Som yus a máus and óders jave a toch scrin

I PREFER A LARGE MONITOR AND A MODERN KEYBOARD
Yo prefiero un monitor grande y un teclado moderno
I prifér a larch mónoitor and a modern kíbord

A COMPUTER IS USEFUL FOR WORK AND FOR SCHOOL
La computadora es útil para trabajar y para la escuela
A compiúter is yúsful for wérk and for school

3D PRINTERS ARE ALSO VERY USEFUL
(Las impresoras a tercera dimensión son también muy útiles
Thrí-dí printers ar ólsou veri yúsful

THE INTERNET IS AWESOME!
¡El internet es fabuloso!
De ínternet is ósom!

THERE IS SO MUCH INFORMATION ONLINE!
¡Hay tanta información en línea!
Der is sou moch informéishon on lain!

I LOVE ANIMAL AND MUSIC VIDEOS
Amo los videos de animales y musicales
Ai lov ánimal and míusic vídeos

YOU CAN ALSO GET INFORMATION FROM MANY COUNTRIES
También puedes recibir información de muchos países
Yu can guet informéishon from méni cóntris

AND LEARN ABOUT POLITICS, ART, AND HISTORY
y aprender sobre política, arte e historia
and lern abáut pólitics, art, and jístori

I USE THE INTERNET TO READ INTERNATIONAL NEWS
Yo uso el internet para leer noticias internacionales
Ai yus de internet tu rid internáshonal niús

I USE MY E-MAIL ACCOUNT A LOT
Uso mucho mi cuenta de correo electrónico
Ai yus mai ímeil acáunt a lot

BUT MY PASSWORD IS PRIVATE!
¡Pero mi clave es privada!
Bot mai páswerd is práivat!

DID YOU KNOW THAT @ IN SPANISH IS "ARROBA"?
¿Sabías que @ en español es "arroba"?
Did yu nou dat @ in Spanishh "arroba"?

TO SAVE INFORMATION, I USE A USB FLASHDRIVE
Para guardar la información, uso una memoria USB
Tu séiv informéishon, ai yus a Yu-Es-Bi flashdráiv

THERE ARE MANY WEBSITES WITH INTERESTING
INFORMATION
Hay muchos sitios con información interesante
Der ar méni websáits wid íntresting informéishon

BUT ALWAYS CHECK WHO PUBLISHES IT FIRST!
¡Pero siempre checa primero quién la publica!
Bot ólweis chec ju póblishes it ferst!

Vocabulary

Vocabulario

computers	computadoras	*compiúters*
online	en línea	*on lain*
websites	sitios de la red	*wébsaits*
flashdrive	memoria portátil	*flashdráiv*
politics	política	*pólitics*
news	noticias	*niús*
countries	países	*cóntris*
international	internacional	*internáshonal*
many	muchos	*méni*
printer	impresora	*prínter*
monitor	monitor	*monitor*
keyboard	teclado	*kíbord*
touch screen	pantalla táctil	*toch scrín*
publish	publicar	*póblish*
interesting	interesante	*íntresting*
check	checa	*chec*
who	quien	*ju*
first	primero	*ferst*

The zoo

El zoológico

TODAY IS SUNDAY
(Hoy es domingo)
Tudei is sondei

I DO NOT HAVE TO GO TO SCHOOL
(No tengo que ir a la escuela)
Ai du not jav tu gou tu scul

MY FATHER DOES NOT WORK EITHER
(Mi papá no trabaja tampoco)
Mai fáder dos not werk íder

HE WILL TAKE ME TO THE ZOO
(me llevará al zoológico)
ji wil teik mi tu de zu

THE ZOO IS IN CHAPULTEPEC
(El zoológico está en Chapultepec)
De zu is in Chapultepec

IT HAS MANY ANIMALS AND BIRDS
(tiene muchos animales y pájaros)
it jas méni ánimals and berds

EVEN A GORILLA AND SOME PANDAS!
(¡incluso un gorila y algunos pandas!)
iven a gorila and som pandas!

HAVE YOU EVER SEEN A PANDA?
(¿Alguna vez has visto un panda?)
Jav yu ever sin a panda?

THEY ARE BLACK AND WHITE AND VERY FUNNY
(Son blanco y negro y muy graciosos)
Dei ar blac and juait and veri foni

THE TIGERS LOOK QUITE FEROCIOUS
(Los tigres se ven bastante fieros)
De taiguers luk cuait feroushhos

THERE ARE LOTS OF DIFFERENT TYPES OF MONKEYS
(Hay muchos tipos de monos diferentes)
Der ar lots of díferent taips of monkis

AND GIRAFFES WITH VERY LONG NECKS
(Y jirafas con cuellos muy largos)
And yiráfs wid veri long necs

THE LION CUBS ARE SO PLAYFUL!
(¡Los cachorros del león son tan juguetones!)
De láyon cobs ar sou pleiful!

THE WHITE POLAR BEAR LOVES TO SWIM
(El oso polar blanco adora nadar)
De juait poular ber lovs tu suím

ZEBRAS LOOKS LIKE DONKEYS IN PIJAMAS!
(¡Las cebras parecen burros en pijama!)
Zíbras luk laic dónkis in piyamas!

MY FAVORITE ANIMAL IS THE ELEPHANT
(Mi animal favorito es el elefante)
Mai féivorit ánimal is di élefant

BECAUSE THEY ARE SO BIG AND STRONG
(porque son tan grandes y fuertes)
bicós dei ar sou big and strong

THERE IS A LITTLE TRAIN AT THE ZOO
(Hay un trenecito en el zoológico)
Der is a litl trein at de zu

IT GOES AROUND THE ZOO
(Va alrededor del zoológico)
It gous araund de zu

I LIKE THE ZOO VERY MUCH
(Me gusta mucho el zoológico)
Ai laic de zu veri moch

Vocabulary

Vocabulario

	Traducción	Pronunciación
zoo	zoológico	*zu*
work	trabajar	*werk*
animals	animales	*ánimals*
birds	pájaros	*berds*
lots	muchos	*lots*
types	tipos	*taips*
monkeys	monos, changos	*monkis*
black	negro	*blac*
white	blanco	*juait*
funny	graciosos	*foni*
tigers	tigres	*taiguers*
quite	bastante	*cuait*
ferocious	feroces, fieros	*feroushhos*
giraffes	jirafas	*yiráfs*
lion	león	*láyon*
cub	cachorro	*cab*

	Traducción	Pronunciación
playful	juguetón	*pléiful*
bear	oso	*ber*
swim	nadar	*suím*
zebra	cebra	*zíbra*
donkey	burro	*dónki*
favorite	favorito	*féivorit*
elephant	elefante	*élefant*
big	grande	*big*
strong	fuerte	*strong*
little	pequeño	*litl*
train	tren	*trein*
around	alrededor	*araund*
like	gustar	*laic*
I like...	Me gusta...	*Ai laic...*

Practice

Práctica

WHAT DAY IS TODAY?
(¿Que día es hoy?)
Juat dei is tudei?

TODAY IS SUNDAY
(Hoy es domingo)
Tudei is sóndei

WHERE ARE YOU GOING?
(¿A dónde vas?)
Juér ar yu going?

I AM GOING TO THE ZOO
(Voy al zoológico)
Ai am going tu de zu

WITH WHOM?
(¿Con quién?)
Wid júm?

WITH MY FATHER
(Con mi papá)
Wid mai fáder

WHERE IS THE ZOO?
(¿Dónde está el zoológico?)
Juér is de zu?

THE ZOO IS IN CHAPULTEPEC
(El zoológico está en Chapultepec)
De zu is in Chapultepec

WHAT KIND OF ANIMALS ARE THERE?
(¿Qué clase de animales hay ahí?)
Juat caind of ánimals ar der?

THERE ARE TIGERS, ZEBRAS, AND PANDAS
(Hay tigres, cebras y pandas)
Der ar taiguers, zíbras and pandas

ALSO LION CUBS AND A GORILLA
(También cachorros de león y un gorila)
Ólsou láyon cabs and a gorila

ARE THERE ANY GIRAFFES?
(¿Hay jirafas?)
Ar der eni yiráfs?

YES, THERE ARE SOME GIRAFFES
(Sí, hay algunas jirafas)
Yes, der ar som yiráfs

ARE THERE ANY DONKEYS?
(¿Hay burros?)
Ar der eni dónkis?

NO, OF COURSE THERE ARE NO DONKEYS!
(¡No, claro que no hay burros!)
Nou, of cors der ar nou dónkis!

My favorite animals

Mis animales favoritos

	Pronunciación
DO YOU HAVE A PET? (¿Tienes una mascota?)	*Du yu jav a pet?*
I DO (Sí)	*Ai du*
I HAVE A DOG NAMED KAISER (Yo tengo, un perro llamado Kaiser)	*Ai jav a dog neimd Káiser*
HE IS JUST A PUPPY (Es sólo un cachorrito)	*Ji is yost a pápi*
HE LIKES TO JUMP AND PLAY (Le gusta saltar y jugar)	*Ji laics tu yomp and plei*
I LIKE ANIMALS (Me gustan los animales)	*Ai laic ánimals*
I LIKE CATS (Me gustan los gatos)	*Ai laic cats*
AND KITTENS (y los gatitos)	*and kítens*
AND BIRDS (y los pájaros)	*and berds*
MY SISTER JULIE HAS A CANARY (Mi hermana Julie tiene un canario)	*Mai síster Yuli jas a canéri*
IT SINGS ALL DAY LONG (canta todo el día)	*it sings ol dei long*
I WANT A PARROT (Yo quiero un perico)	*Ai want a párrot*

	Pronunciación
PARROTS CAN TALK LIKE PEOPLE (Los pericos pueden hablar como las personas)	*Párrots can toc laic pípol*
MY GREAT-GRANDMOTHER HAD ONE (mi bisabuela tenía uno)	*mai greitgrandmóder jad uán*
IT WAS BRIGHT GREEN (Era verde brilante)	*It was brait grin*
WITH A CURVED BEAK (con un pico curvo)	*wid a kervd bik*
I ALSO LIKE FARM ANIMALS (También me gustan los animales de granja)	*Ai ólsou laic farm ánimals*
I LIKE CHICKENS AND DUCKS (Me gustan los pollos y los patos)	*Ai laic chíkens and docs*
ROOSTERS, HENS, AND TURKEY (los gallos, las gallinas y los pavos)	*rústers, jens, and térkis*
COWS, BULLS AND HORSES (las vacas, los toros y los caballos)	*caós, buls and jórses*
LAMBS AND GOATS (borregos y cabras)	*lambs and gouts*
AND EVEN RACCOONS AND SKUNKS! (¡y hasta mapaches y zorrillos!)	*and íven racúns and scóncs!*
I AM AFRAID OF SNAKES (A mí me asustan las serpientes)	*Ai am afraid of sneiks*
BECAUSE THEY BITE (porque muerden)	*bicós dei bait*
I ALSO HATE SPIDERS AND COCKROACHES (También odio a las arañas y las cucarachas)	*Ai ólsou jeit spáiders and cocrouches*
I LIKE MULTICOLORED BUTTERFLIES (Me gustan las mariposas multicolores)	*Ai laic molticólord bóterflais*
THEY LOOK LIKE FLYING FLOWERS (parecen flores voladoras)	*dei luc laic fláing fláuers*

Vocabulary

Vocabulario

	Traducción	Pronunciación
animals	animales	*ánimals*
favorite	favorito	*féivorit*
my	mi, mis	*mai*
dog	perro	*dog*
puppy	cachorrito	*pápi*
cat	gato	*cat*
kitten	gatito	*kiten*
bird	pájaro	*berd*
canary	canario	*canéri*
parrot	perico	*párrot*
chicken	pollo	*chíken*
pig	puerco	*pig*
duck	pato	*doc*
rooster	gallo	*rúster*
hen	gallina	*jen*
turkey	pavo, guajolote	*térki*

MÓNICA STEVENS

	Traducción	Pronunciación
cow	vaca	*cao*
bull	toro	*bul*
horse	caballo	*jors*
lamb	borrego	*lamb*
goat	cabra	*gout*
raccoons	mapaches	*racúns*
skunks	zorrillos	*scóncs*
snake	víbora, serpiente	*sneik*
bite	morder	*bait*
spider	araña	*spáider*
cockroach	cucaracha	*cocrouch*
butterfly	mariposa	*bóterflai*
flower	flor	*fláuer*
multicolored (adjetivo)	multicolor	*molticólord*
farm	granja	*farm*
sometimes	a veces	*sómtaims*
beak	pico	*bik*

Practice

Práctica

	Pronunciación
WHAT IS A PET? (¿Qué es una mascota?)	*Juat is a pet?*
IT IS AN ANIMAL THAT YOU LOVE VERY MUCH (Es un animal que amas mucho)	*It is an ánimal that yu lov veri moch*
CAN IT BE A GOAT? (¿Puede ser una cabra?)	*Can it bi an gout?*
YES, IT CAN (Sí puede)	*Yes, it can*
DO YOU HAVE A PET? (¿Tienes una mascota?)	*Du yu jav a pet?*
YES, I HAVE A PUPPY NAMED "KAISER" (Sí, tengo un cachorrito llamado Kaiser)	*Yes, ai jav a pápi neimd Káiser*
WHAT DOES KAISER LIKE? (¿Qué le gusta a Kaiser?)	*Juat dos Káiser laic?*
IT LIKES TO JUMP AND PLAY (Le gusta saltar y jugar)	*It laics tu yomp and plei*
WHAT OTHER ANIMALS DO YOU LIKE? (¿Qué otros animales te gustan?)	*Juát óder ánimals du yu laic?*
I LIKE CATS AND PARROTS (Me gustan los gatos y los loros)	*Ai laic cats and párrots*
WHO HAS A CANARY? (¿Quién tiene un canario?)	*Ju jas a canéri?*
MY SISTER JULIE HAS A CANARY (Mi hermana Julie tiene un canario)	*Mai síster Yuli jas a canéri*

	Pronunciación
WHAT KIND OF ANIMALS LIVE ON A FARM? (¿Qué clase de animales viven en una granja?)	*Juat cáind of ánimals liv on a farm?*
COWS, PIGS, CHICKENS AND HORSES (Vacas, puercos, pollos y caballos)	*Caos, pigs, chíken and jórses*
SKUNKS STINK! (¡Los zorrillos apestan!)	*Scóncs stinc!*
DO CATS LIVE IN FARMS? (¿Viven los gatos en granjas?)	*Du cats liv in farms?*
SOMETIMES (A veces)	*Sómtaims*

Pussycat

Gatito

	Pronunciación
"PUSSYCAT, PUSSYCAT "Gatito, gatito	"Púsicat, púsicat
WHERE HAVE YOU BEEN?" ¿dónde has estado?"	¿juér jav yu bin?
"I HAVE BEEN TO LONDON "He estado en Londres	"Ai jav bin tu London
TO VISIT THE QUEEN" para visitar a la reina"	tu visit de cuín
"PUSSYCAT, PUSSYCAT, "Gatito, Gatito	"Púsicat, púsicat
AND WHAT DID YOU DO THERE?" ¿y qué hiciste ahí?"	and juat did yu du der?
"I FRIGHTENED A LITTLE MOUSE ¡"Asusté a un ratoncito	"Ai fraitend a litol máus
UNDER THE CHAIR!" bajo la silla!"	ónder de cher!

The seasons

Las estaciones

	Pronunciación
SPRING (primavera)	spring
SUMMER (verano)	sómer
AUTUMN (otoño)	ótom
WINTER (invierno)	wínter
IT IS WINTER (es invierno)	It is wínter
IT IS VERY COLD (hace mucho frío)	It is veri could
IN THE NORTH THERE IS SNOW (en el norte hay nieve)	In de north der is snou
WE MUST WEAR OUR COATS (debemos usar nuestros abrigos)	Wi most wer aúr couts
HATS, SCARVES (sombreros, bufandas)	jats, scarvs
AND GLOVES (y guantes)	and glovs
IT IS SPRING (es primavera)	It is spring

	Pronunciación
THERE ARE NEW FLOWERS (Hay nuevas flores)	*Der ar niú fláuers*
AND THE BIRDS SING (y los pájaros cantan)	*and de berds sing*
IT IS HOT (Hace calor)	*It is jot*
IT IS SUNNY (Está soleado)	*It is sóni*
I LIKE SPRING (Me gusta la primavera)	*Ai laic spring*
IT IS A HAPPY SEASON (Es una estación alegre)	*It is a jápi síson*
WE CELEBRATE EASTER (Celebramos Pascua)	*Wi celebreit Íster*
WE GET A CHOCOLATE EGG (Recibimos un huevo de chocolate)	*Wi guet a chócolet eg*
WE GO ON VACATION (Vamos de vacaciones)	*Wi gou on vakeishhhon*
WE CAN GO SWIMMING (Podemos ir a nadar)	*Wi can gou suíming*
OR TO THE PARK (o al parque)	*Or tu de parc*
IT IS SUMMER (Es verano)	*It is sómer*
IT IS STILL HOT (Aún hace calor)	*It is stil jot*
BUT IT IS RAINING (pero está lloviendo)	*bot it is réining*

	Pronunciación
IT RAINS VERY MUCH (Llueve mucho)	*It reins veri moch*
I MUST WEAR A RAINCOAT, BOOTS (Debo usar un impermeable, botas)	*Ai most wer a réincout, buts*
AND AN UMBRELLA (y una sombrilla)	*and an ombréla*
EVERYTHING IS WET (Todo está mojado)	*Evrithing is wet*
DUCKS LIKE SUMMER! (¡A los patos les gusta el verano!)	*Docs laic sómer!*
IT IS AUTUMN (Es otoño)	*It is ótom*
IT IS VERY WINDY (Hace mucho viento)	*It is veri windi*
THE TREES HAVE BROWN LEAVES (Los árboles tienen hojas cafés)	*De trís jav bráun livs*
THE LEAVES FALL OFF (Las hojas se caen)	*De livs fol of*

Vocabulary

Vocabulario

	Traducción	Pronunciación
Spring	primavera	*spring*
summer	verano	*sómer*
autumn	otoño	*ótom*
winter	invierno	*wínter*
hot	caliente/calor	*jot*
cold	frío	*could*
flowers	flores	*fláuers*
birds	pájaros	*berds*
It is...	Hace... (es)	*It is*
rain	lluvia	*rein*
egg	huevo	*eg*
Easter	Pascua	*Íster*
sunny	soleado	*sóni*
sun	sol	*son*
sing	cantar	*sing*
snow	nieve	*snou*
happy	alegre	*jápi*
swim	nadar	*suím*
trees	árboles	*trís*

	Traducción	Pronunciación
leaves	hojas (plural)	*livs*
leaf	hoja (singular)	*lif*
windy	airoso, con mucho viento	*windi*
still	todavía, aún	*stil*
new	nuevo	*niú*
park	parque	*parc*
chocolate	chocolate	*chócolet*
vacation	vacación	*vakeishhhon*
but	pero	*bot*
fall off	caerse	*fol of*
ducks	patos	*docs*
raincoat	impermeable, gabardina	*réincout*
boots	botas	*buts*
umbrella	sombrilla	*ombréla*
coat	abrigo	*cout*
gloves	guantes	*glovs*
hats	sombreros, gorros	*jats*
very	muy	*veri*

Practice

Práctica

IS IT HOT IN SPRING?
(¿Hace calor en primavera?)
Is it jot in spring?

HERE IN CALIFORNIA IT IS HOT
(Aquí en California hace calor)
Jíer in California it is jot

BUT IN MINNESOTA IT IS STILL COLD
(pero en Minnesota todavía hace frío)
bot in Minesota it is stil could.

DO YOU WEAR A COAT IN THE SPRING?
(¿Usas abrigo en primavera?)
Du yu wer a cout in de spring?

NO, I DO NOT WEAR A JACKET IN THE SPRING
(No, no uso chaqueta en primavera)
Nou, ai du not wer a yáket in the spring

HOW MANY SEASONS ARE THERE?
(¿Cuántas estaciones hay?)
Jáo méni sísons ar der?

THERE ARE FOUR SEASONS
(Hay cuatro estaciones)
Der ar for sísons

WHICH ARE THEY?
(¿Cuáles son?)
Juích ar dei?

THEY ARE SPRING, SUMMER, AUTUMN OR FALL AND WINTER
(Son primavera, verano, otoño e invierno)
Dei ar spring, sómer, ótom or fol and wínter

WHEN DO WE CELEBRATE CHRISTMAS?
(¿Cuándo celebramos Navidad?)
Juén du wi celebreit Crismas?

WE CELEBRATE CHRISTMAS IN WINTER
(Celebramos Navidad en invierno)
Wi celebreit Crismas in winter

WHEN DO WE CELEBRATE EASTER?
(¿Cuándo celebramos Pascua?)
Juén du wi celebreit Íster?

WE CELEBRATE EASTER IN THE SPRING
(Celebramos Pascua en primavera)
Wi celebreit Íster in de spring

WHICH IS THE RAINY SEASON?
(¿Cuál es la estación lluviosa?)
Juích is de reini síson?

SUMMER IS THE RAINY SEASON
(El verano es la estación lluviosa)
Sómer is de reini síson

DO YOU WEAR A RAINCOAT THEN?
(¿Usas impermeable entonces?)
Du yu wer a réincoul den?

YES, I DO
(Sí, lo hago)
Yes, ai du

WHAT HAPPENS IN AUTUMN?
(¿Qué pasa en el otoño?)
Juat jápens in ótom?

IT IS VERY WINDY
(Hace mucho viento)
It is veri windi

AND THE LEAVES OF THE TREES FALL OFF
(y las hojas de los árboles se caen)
and de lifs of de trís fol of

Capital letters in english

Las mayúsculas en inglés

En inglés se utilizan las mayúsculas:

1) Al principio de una oración.
   The cat is black.
   (El gato es negro)

2) Con la palabra I (yo)
   My brother and I...
   (Mi hermano y yo...)

3) Con los nombres propios
   Mary, Joe, George, Jim

4) Con los apellidos
   Jordan, Stevens, Smith

5) Con los meses del año
   January, February...
   Enero, febrero...

6) Con los días de la semana
   Monday, Tuesday, Sunday...
   (Lunes, martes, domingo...)

7) Con títulos de libros y de poemas
   The Sleeping Beauty
   (*La Bella Durmiente*)

8) Con los días de celebración
Day of the Dead
(Día de los Muertos)

9) Con nombres de religiones y sectas
Catholic, Protestant, Jew
(Católico, protestante, judío)

10) Con gentilicios (nombres derivados de lugares)
Mexican, English, Japanese
(mexicano, inglés, japonés)

11) Con las palabras Mother, Father, Grandmother, Grandfather, Aunt, Uncle, Cousin (nombres de parientes), siempre y cuando no lleven antes un adjetivo posesivo (my, your, his, her, our, your, their),
Carol and Father went to the market.
(Carol y papá fueron al mercado.)

12) Nombres de instituciones, como escuelas y compañías
St. Mary's School, Oxford University, Apple, Nordstrom

Practice

Práctica

	Pronunciación
My sister and I play together (Mi hermana y yo jugamos juntas)	*Mai síster and ai plei tugueder*
I was born in January (Yo nací en enero)	*Ai was born in Yániuari*
His name is Andrew Su nombre es Andrés)	*Jis néim is Andriu*
Today is Monday (Hoy es lunes)	*Tudéi is Móndei*
Do you know the story of "The Ugly Ducking"? (¿Conoces la historia de "El Patito Feo"?)	*Du yu nou de stori of The Ogli Dóking"?*
We celebrate Mother's Day in May (Celebramos el Día de las Madres en mayo)	*Wi celebreit Móders Dei in Mei*
Are you Catholic? (¿Eres católico?)	*Ar yu Cátholic?*
No, I am a Moslem (No, soy musulmán)	*Nou, ai am a Moslem*
Mother came with Cousin Janice (Mamá vino con la prima Janice)	*Móder keim wid Cósin Yánis*

The days of the week

Los días de la semana

	Traducción	Pronunciación
THE DAYS OF THE WEEK ARE:	Los días de la semana son:	*De deis of de wik ar:*
MONDAY	lunes	*Móndei*
TUESDAY	martes	*Tiúsdei*
WEDNESDAY	miércoles	*Wénsdei*
THURSDAY	jueves	*Thérsdei*
FRIDAY	viernes	*Fráidei*
SATURDAY	sábado	*Sáturdei*
SUNDAY	domingo	*Sóndei*

¿Te fijas cómo todos los días de la semana terminan en DAY (que significa día)? Recuerda que siempre se escriben con mayúscula. Se utiliza la preposición "on" para decir, por ejemplo, "on Monday" (el lunes), para hablar de fechas.

The months of the year

Los meses del año

	Traducción	Pronunciación
JANUARY	enero	*Yániuari*
FEBRUARY	febrero	*Fébruari*
MARCH	marzo	*March*
APRIL	abril	*Éipril*
MAY	mayo	*Mei*
JUNE	junio	*Yun*
JULY	julio	*Yulái*
AUGUST	agosto	*Ougost*
SEPTEMBER	septiembre	*Septémber*
OCTOBER	octubre	*Octóuber*
NOVEMBER	noviembre	*Nouvémber*
DECEMBER	diciembre	*Dicémber*

Recuerda que los meses del año en inglés siempre se escriben con mayúscula. Se utiliza la preposición "in" para decir, por ejemplo, "en diciembre" (in December), para hablar de fechas.

The planets

Los planetas

	Pronunciación
WHAT IS EARTH? (¿Qué es la Tierra?)	*Juat is Erth?*
IT IS THE PLANET WHERE WE LIVE (Es el planeta donde vivimos)	*It is de plánet juér wi liv*
IS IT THE ONLY PLANET? (¿Es el único planeta?)	*Is it di óunli plánet?*
NO, THERE ARE EIGHT PLANETS (No, hay ocho planetas)	*Nou, der ar eit plánets*
IN OUR SOLAR SYSTEM (en nuestro sistema solar)	*in áur sólar sístem*
WHICH ARE THEY? (¿Cuáles son?)	*Juích ar dei?*
THEY ARE: MERCURY (Son: Mercurio)	*Dei ar: Mérkiuri*
VENUS, EARTH, MARS (Venus, Tierra, Marte)	*Vínus, Erth, Mars*
JUPITER, SATURN, URANUS (Júpiter, Saturno, Urano)	*Yúpiter, Sáturn, Yuránus*
AND NEPTUNE (y Neptuno)	*and Népchun*

	Pronunciación
PLUTO IS NO LONGER CONSIDERED A PLANET SINCE 2006 (Plutón ya no se considera planeta desde 2006)	Pluto is nou longuer considered a planet sins tu thousand and six
WHICH IS THE BIGGEST PLANET? (¿Cuál es el planeta más grande?)	Juích is de bíguest plánet?
JUPITER IS THE BIGGEST ONE (Júpiter es el más grande)	Yúpiter is de bíguest uán
WHAT ELSE IS IN SPACE? (¿Qué más hay en el espacio?)	Juat els is in spéis?
THERE ARE STARS, CONSTELLATIONS (Hay estrellas, constelaciones)	Der ar stars, consteléishhons
COMETS, SATELLITES AND METEORS (cometas, satélites y meteoros)	cómets, sátelaits and mítiors
WHICH IS THE EARTH'S SATELLITE? (¿Cuál es el satélite de la Tierra?)	Juích is di Erth's sátelait?
IT IS THE MOON (Es la Luna)	It is de mún
HOW MANY SATELLITES DOES THE EARTH HAVE? (¿Cuántos satélites tiene la Tierra?)	Jáo méni sátelaits dos di Erth jav?
IT HAS ONLY ONE (Tiene sólo uno)	It jas óunli uán
WHAT IS A CONSTELLATION? (¿Qué es una constelación?)	Juat is a consteléishhon?
IT IS A GROUP OF STARS (Es un grupo de estrellas)	It is a grup of stars
WHAT IS THE SUN? (¿Qué es el Sol?)	Juat is de son?
IT IS THE CENTER OF OUR SOLAR SYSTEM (Es el centro de nuestro sistema solar)	It is de cénter of áur sóular sístem

Vocabulary

Vocabulario

	Traducción	Pronunciación
planet	planeta	*plánet*
solar system	sistema solar	*sóular sístem*
Mercury	Mercurio	*Mérkiuri*
Venus	Venus	*Vínus*
Earth	Tierra	*Erth*
Mars	Marte	*Mars*
Jupiter	Júpiter	*Yúpiter*
Uranus	Urano	*Yuránus*
Neptune	Neptuno	*Népchun*
Pluto	Plutón	*Pluto*
No longer	Ya no	*Nou longuer*
since	desde	*sins*
star	estrella	*star*
comet	cometa	*cómet*
constellation	constelación	*consteléishhon*
only	único	*óunli*

	Traducción	Pronunciación
satellite	satélite	*sátelait*
meteor	meteoro	*mítior*
moon	Luna	*mún*
space	espacio	*spéis*
center	centro	*cénter*
group	grupo	*grup*
sun	Sol	*son*
How many?	¿Cuántos?	*Jáo méni?*
Which is... ?	¿Cuál es...?	*Juích is...?*
There are... There is...	Hay... (singular y plural)	*Der is/Der ar...*
It is...	Es...	*It is...*

Adjectives

Los adjetivos

Los adjetivos son palabras que califican o dicen algo sobre un sustantivo, como nuevo, viejo, pobre, rico, bueno o malo. La diferencia principal entre los adjetivos en inglés y los adjetivos en español es que en inglés no tienen género ni número, esto es, que no cambian según de lo que se hable y no tienen femenino, masculino, singular ni plural.

Ejemplos:

Good boy	*Gud boi*	El niño bueno
Good girl	*Gud guerl*	La niña buena
Good boys	*Gud bois*	Los niños buenos
Good girls	*Gud guerls*	Las niñas buenas

Otra diferencia importante es que los adjetivos en inglés van siempre **antes** del sustantivo.

Ejemplos:

A big apple	*a big ápol*	Una manzana grande
red = grande + apple = manzana singular femenino		
That is a big building	*Dat is a big bílding*	Ese es un edificio grande
big = grande + building = edificio singular masculino		
Those are big airplanes	*Dous ar big érpleins*	Esos son aviones grandes.
big = grande + airplanes = aviones plural		

125

Comparativo

Para formar el comparativo de un adjetivo se agrega a éste la terminación "er" y la palabra "than" inmediatamete después.
Ejemplo:

I am young**er than** my sister.
(Yo soy más joven que mi hermana)
Ai am yonguer dan mai síster.

COMPARATIVO = ADJETIVO + TERMINACION "ER"
+ THAN + SUSTANTIVO AL QUE SE CALIFICA

Para formar el comparativo de los adjetivos de **más de dos sílabas** (como wonderful), **no se agrega "er"** sino que se antepone la palabra "more" (más) al adjetivo y se agrega "than".
Ejemplo:

He is more intelligent than me.
(Él es más inteligente que yo)
Ji is mor intéliyent dan mí.

MORE + ADJETIVO SIN MODIFICAR + THAN
+ SUSTANTIVO AL QUE SE CALIFICA

Superlativo

Para indicar que algo es **el más** (bonito, caro, etcétera) se antepone el artículo "the" al adjetivo y a éste se le agrega la terminación "est".

THE + ADJETIVO + TERMINACION "EST"
+ SUSTANTIVO AL QUE SE CALIFICA

Ejemplos:

This is the newest house	Esta es la casa más nueva
I am the oldest brother	Yo soy el hermano más grande

Los adjetivos de más de dos sílabas forman su superlativo agregando "the most" antes del adjetivo (y sin modificar la terminación del adjetivo).

THE + MOST + ADJETIVO SIN MODIFICAR
+ SUSTANTIVO AL QUE SE CALIFICA

Ejemplos:

This is the most expensive dress.
(Este es el vestido más caro)

We have the most beautiful kitten.
(Tenemos el gatito más bonito)

Hay cuatro adjetivos irregulares e importantes en inglés:

	Comparativo	Superlativo
good	better than (mejor que)	the best (el/la mejor)
bad	worse than (peor que)	the worst (el/la peor)
big	bigger than (mayor que)	the biggest (el/la mayor)
small	smaller than (menor que)	the smallest (el/la menor)

Algunos adjetivos cambian o agregan letras:

	Comparativo	Superlativo
far	farther than (más lejos que)	the farthest (el más lejano)

Los adjetivos que terminan en "y" deberán cambiar su "y" por "i" al agregárseles las terminaciones **"er"** o **"est"**.

Ejemplos:

angry (enojado)	angrier (más enojado que)	angriest (el más enojado)
pretty (bonito)	pretier (más bonito que)	pretiest (el más bonito)
dirty (sucio)	dirtier (más sucio que)	dirtiest (el más sucio)
funny (chistoso)	funnier (más chistosos que)	funniest (el más chistoso)

Vocabulary

Vocabulario

	Traducción	Pronunciación
good	bueno	*gud*
rich	rico	*rich*
happy	alegre	*jápi*
high	alto	*jai*
tall	alto (persona)	*tol*
pretty	bonito	*príti*
thick	grueso	*thic*
fat	gordo	*fat*
difficult	difícil	*díficult*
strong	fuerte	*strong*
hard	duro	*jard*
square	cuadrado	*scuer*
expensive	caro	*expénsiv*
angry	enojado	*ángri*
beautiful	hermoso	*biútiful*
interesting	interesante	*íntresting*

	Traducción	Pronunciación
young	joven	*yong*
near	cerca	*níer*
over	arriba	*óuver*
early	temprano	*érli*
dirty	sucio	*dérti*
hot	caliente	*jot*
bad	malo	*bad*
poor	pobre	*pur*
sad	triste	*sad*
low	bajo	*lou*
short	corto/chaparro	*shhort*
ugiy	feo	*ógli*
thin	delgado	*thin*
easy	fácil	*ísi*
weak	débil	*wiik*
soft	suave	*soft*
round	redondo	*ráund*
cheap	barato	*chiip*
glad	contento	*glad*

	Traducción	Pronunciación
horrible	horrible	*jórribol*
boring	aburrido	*bóring*
old	viejo	*óuld*
far	lejos	*far*
under	abajo	*ónder*
late	tarde	*léit*
clean	limpio	*clin*
cold	frío	*could*

Practice

Práctica

THIS IS A GOOD BOOK
(Este es un buen libro)
Dis is a gud buc

WE HAVE A RICH NEIGHBOR
(Tenemos un vecino rico)
Wi jav a rich néibor

I KNOW A HAPPY SONG
(Yo conozco una canción alegre)
Ai nou a jápi song

THOSE ARE WHITE CLOUDS
(Esas son nubes blancas)
Dous ar juait clauds

I HAVE A TALL FATHER
(Yo tengo un papá alto)
Ai jav a tol fáder

THAT IS AN UGLY SPIDER
(Esa es una araña fea)
Dat is an ógli spaider

MEXICO IS A BEAUTIFUL COUNTRY
(México es un país bello)
Mécsico is a biútiful cóntri

THESE ARE MY NEW SHOES
(Estos son mis zapatos nuevos)
Dis ar mai niú shus

COMPLETA LAS ORACIONES
CON COMPARATIVO O SUPERLATIVO

This is _____ jewel
expensive
(Esta es la joya más cara) (*Superlativo*)

My house is _____ yours
old
(Mi casa es más vieja que la tuya) (*Comparativo*)

Do you have _____ homework?
clean
(¿Tienes la tarea más limpia?) (*Superlativo*)

Is your father _____ your mother?
old
(¿Tu papá es más grande que tu mamá?) (*Comparativo*)

Rocks are _____ paper
hard
(Las piedras son más duras que el papel) (*Comparativo*)

Mexico is _____ Alaska
hot
(México es más caliente que Alaska) (*Comparativo*)

Europe is _____ Acapulco
far
(Europa está más lejos que Acapulco) (*Comparativo*)

Mexico City is_____ city in America
old
(La Ciudad de México es la ciudad más antigua de América)

I speak_____English_____Japanese
good
(Yo hablo mejor inglés que japonés) (*Comparativo*)

The party

La fiesta

	Pronunciación
TODAY IS MY BIRTHDAY (Hoy es mi cumpleaños)	*Tudéi is mai bérdei*
I AM GOING TO HAVE A PARTY (Voy a tener una fiesta)	*Ai am going tojav ei párti*
ALL MY FRIENDS WILL COME (Todos mis amigos vendrán)	*Ol mai frends wil com*
THERE WILL BE A BIG PIÑATA (Habrá una piñata grande)	*Der wil bi a big piñata*
AND BALLOONS (y globos)	*and balúns*
AND CANDIES (y dulces)	*and cándis*
AND A BIG CHOCOLATE CAKE! (¡y un gran pastel de chocolate!)	*and a big chócolet keik!*
MY FRIENDS WILL BRING ME PRESENTS (Mis amigos me traerán regalos)	*Mai frends wil bring mí présents*
MAYBE A NEW COMPUTER (tal vez una computadora nueva)	*méibi a niú compiúter*
OR SOCKS (o calcetines)	*or socs*

	Pronunciación
OR AN INTERESTING BOOK (o un libro interesante)	*or an íntresting buc*
MY MOTHER MADE MY CAKE (Mi mamá hizo mi pastel)	*Mai móder meid mai keik*
SHE LOVES ME VERY MUCH (Ella me quiere mucho)	*Shi lovs mí veri moch*
SHE SANG *"LAS MAÑANITAS"* FOR ME (Me cantó "Las Mañanitas")	*Shi sang "Las Mañanitas" for mí*
WHILE MY FATHER PLAYED THE GUITAR (mientras mi papá tocaba la guitarra)	*juáil mai fáder pleid de guitar*
I MUST NOT EAT TOO MUCH CAKE (No debo comer demasiado pastel)	*Ai most not it tú moch keik*
OR I WILL HAVE A STOMACH ACHE TONIGHT (o tendré dolor de estómago esta noche)	*or ai wil jav a stómac eik tunáit*
I CAN EAT MORE CAKE TOMORROW MORNING (Puedo comer más pastel mañana por la mañana)	*Ai can it mor keik tumórrou mórning*

Vocabulary

Vocabulario

	Traducción	Pronunciación
today	hoy	*tudéi*
my	mi	*mai*
birthday	cumpleaños	*bérdei*
will have (futuro de have)	tendré	*wil jav*
party	fiesta	*párti*
all	todos	*ol*
friends	amigos	*frends*
will come (futuro de come)	vendrán	*wil com*
there will be (futuro de to be)	habrá	*der wil bi*
big	gran/grande	*big*
balloons	globos	*balúns*
candies	dulces	*cándis*
chocolate	chocolate	*shócolet*
cake	pastel	*keik*
will bring (futuro de bring)	traerán	*wil bring*
me	a mí	*mí*
presents	regalos	*présents*

	Traducción	Pronunciación
maybe	tal vez/quizá	*méibi*
car	coche	*car*
socks	calcetines	*socs*
book	libro	*buc*
made (pasado de make)	hizo	*meid*
love	amar/querer	*lov*
very much	mucho	*veri moch*
she	ella	*shi*
sang (pasado de sing)	cantó	*sang*
while	mientras	*juáil*
played (pasado de play)	tocar un instrumento musical	*pléid*
guitar	guitarra	*guitar*
must not eat	no debo comer	*most not ít*
too much	demasiado	*tú moch*
stomach ache	dolor de estómago	*stómac eik*
tonight	esta noche	*tunáit*
more	más	*mor*

	Traducción	Pronunciación
tomorrow	mañana	*tumórrou*
morning	la mañana	*mórning*
afternoon	la tarde	*áfternun*
evening	la noche	*ívening*

Happy birthday

Las mañanitas

¿Qué significa la canción en inglés?

	Traducción al inglés
Estas son las mañanitas que cantaba el rey David, hoy por ser día de tu santo te las cantamos a ti.	These are the little mornings that King David used to sing, as today is your Saint's Day we sing them now to you.
Despierta, mi bien, despierta, mira que ya amaneció. Ya los pajarillos cantan, la luna ya se metió.	Wake up my darling, wake up, see that dawn has already come That the little birds are singing and the moon is now gone.
¡Qué linda está la mañana en que vengo a saludarte! Venimos todos con gusto y placer a felicitarte.	How beautiful is the morning when I come to greet you! We all come cheerfully and with pleasure to congratulate you.
El día en que tú naciste nacieron todas las flores, y en la pila del bautismo cantaron los ruiseñores.	On the day you were born all flowers were born and in the baptismal font nightingales sang.
Ya viene amaneciendo, ya la luz del día nos dio. Levántate de mañana, mira que ya amaneció.	It´s already almost dawn and daylight now shines upon us. Wake up this morning, see that it is already the break of day!

Practice

Práctica

	Pronunciación
WHY DO YOU HAVE A PARTY? (¿Por qué tienes una fiesta?)	Juái du yu jav ei párti?
BECAUSE IT IS MY BIRTHDAY (Porque es mi cumpleaños)	Bicós it is mai bérdei
WHO IS COMING TO THE PARTY? (¿Quién va a venir a la fiesta?)	Ju is cóming tu de párti?
MY FRIENDS WILL COME (Mis amigos vendrán)	Mai frends wil com
WILL THEY BRING PRESENTS? (¿Traerán regalos?)	Wil dei bring présents?
WHAT KIND OF PRESENTS? (¿Qué clase de regalos?)	Juat caind of présents?
A NEW COMPUTER OR A BOOK (Una computadora nueva o un libro)	A niú computer or a buc
WHAT WILL YOU HAVE AT THE PARTY? (¿Que tendrás en la fiesta?)	Juat wil yu jav at de párti?
I WILL HAVE BALLOONS, CANDIES AND A PIÑATA (Tendré globos, dulces y una piñata)	Ai wil jav balúns, candies, and a piñata
WHO MADE THE CAKE? (¿Quién hizo el pastel?)	Ju meid de keik?
MY MOTHER MADE IT (Mi mamá lo hizo)	Mai móder meid it
IS IT A CHOCOLATE CAKE? (¿Es un pastel de chocolate?)	Is it a shócolet keik?

	Pronunciación
YES, IT IS A CHOCOLATE CAKE (Si, es un pastel de chocolate)	*Yes, it is a chócolet keik*
WHAT WILL HAPPEN IF YOU EAT TOO MUCH CAKE? (¿Qué pasará si comes demasiado pastel?)	*Juat wil jápen if yu it tú moch keik?*
I WILL HAVE A STOMACH ACHE TONIGHT (Tendré dolor de estómago esta noche)	*Ai wil jav a stómac eik tunáit*

"HAPPY BIRTHDAY"

		Pronunciación
HAPPY BIRTHDAY, TO YOU!	¡Feliz cumpleaños a ti!	*Jápi bérdei, tu yu*
HAPPY BIRTHDAY, TO YOU!	¡Feliz cumpleaños a ti!	*Jápi bérdei, tu yu*
HAPPY BIRTHDAY, DEAR...	¡Feliz cumpleaños, querido...!	*Jápi bérdei, dier...*
HAPPY BIRTHDAY, TO YOU!	¡Feliz cumpleaños a ti!	*Jápi bérdei, tu yu!*

The doctor

El médico

	Pronunciación
WHAT IS THE MATTER? (¿Qué pasa?)	*Juat is de máter?*
I DON'T FEEL WELL (No me siento bien)	*Ai dóunt fill wel*
REALLY? (¿De veras?)	*Ríli?*
YES, MY HEAD HURTS VERY MUCH (SÍ, me duele mucho la cabeza)	*Yes, mai jed jerts veri much*
I WILL RING THE DOCTOR (Voy a llamar al doctor)	*Ai wil ring de dóctor*
HERE HE IS (Aquí está él)	*Jíer ji is*
HELLO! WHAT IS THE MATTER WITH YOU? (¡Hola! ¿Qué te pasa?)	*Jelóu! Juat is de máter wid yu?*
I DON'T KNOW (No sé)	*Ai dóunt nou*
LET ME SEE (Déjame ver)	*Let mi sí*
OPEN YOUR MOUTH (Abre la boca)	*Oupen yur máud*

	Pronunciación
NOW I WILL USE THE THERMOMETER (Ahora voy a usar el termómetro)	*Náo, ai wil ius de thermómeter*
YOU HAVE FEVER (Tienes fiebre)	*Yu jav fíver*
AND A BAD STOMACH (Y estás enfermo del estómago)	*And a bad stómac.*
HAVE YOU BEEN EATING CHOCOLATES? (¿Has estado comiendo chocolates?)	*Jav yu bin íting chócolets?*
YES, DOCTOR, LOTS (Sí, doctor, muchos)	*Yes, dóctor, lots*
SO THAT IS WHY YOU ARE SICK (Así que por eso estás enfermo)	*Sou, dat is juái yu ar sic*
YOU MUST NOT EAT TOO MANY CHOCOLATES (No debes comer demasiados chocolates)	*Yu most not it tu méni chócolets*
OR CANDIES, (o dulces)	*or cándis*
OR DRINK SOFT DRINKS (o beber refrescos)	*or drinc soft drinks*
THEY ARE BAD FOR YOUR TEETH AND YOUR STOMACH (Son malos para tus dientes y para tu estómago)	*Dei ar bad for yur tith and yur stómac*
FOR A FEW DAYS (Durante unos pocos días)	*For a fiú deis*
YOU WILL EAT BOILED CHICKEN AND BROTH (comerás pollo cocido y caldo)	*Yu wil it bóild chíken and broth*
NOTHING ELSE (nada más)	*nóthing els*

	Pronunciación
UNTIL YOU RECOVER (hasta que te recuperes)	*ontil yu ricóver*
UNDERSTOOD? (¿Entendido?)	*Onderstúd?*
YES, DOCTOR (Sí, doctor)	*Yes, dóctor*
I WILL FOLLOW YOUR ADVICE (Seguiré su consejo)	*Ai wil fólou yur adváis*
CALL ME IN TWO DAYS... (Llámame en dos días...)	*Col mi in tu déis...*
... TO LET ME KNOW HOW YOU FEEL (... para decirme cómo te sientes)	*... tu let me nou jáo yú fiil*
AND DON'T FORGET TO TAKE YOUR MEDICINE! (¡Y no olvides tomar tu medicina!)	*And dóunt forguet to teik yur médicin!*

Vocabulary

Vocabulario

	Traducción	Pronunciación
doctor	médico	*dóctor*
feel	sentirse, sentir	*fiil*
well	bien	*wel*
real	verdadero	*ril*
really	realmente	*ríli*
head	cabeza	*jed*
hurt	doler	*jert*
ring	llamar por teléfono	*ring*
here	aquí	*jíer*
don't (contracción de *do not*)	no	*dóunt*
let	dejar	*let*
see	ver,	*sí*
open	abrir, abierto	*óupen*
mouth	boca	*máud*
now	ahora	*náo*
thermometer	termómetro	*thermómeter*

	Traducción	Pronunciación
fever	fiebre, calentura	*fíver*
follow	seguir	*fólou*
advice	consejo	*adváis*
bad	malo	*bad*
stomach	estómago	*stómac*
sick	enfermo	*sic*
have you been...?	has estado...?	*jav yu bin...?*
soft drinks	refrescos	*soft drinks*
teeth (plural)	dientes	*tith*
tooth (singular)	diente	*tuth*
medicine	medicina	*médicin*
take	tomar	*teik*
nothing	nada	*nóthing*
else	más	*els*
boiled	cocido	*bóild*
chicken	pollo	*chíken*
broth	caldo	*broth*
understand	entender	*onderstánd*
understood	entendido	*onderstúd*

	Traducción	Pronunciación
until	hasta que	*ontil*
recover	recobrar, recuperarse	*ricóver*
forget	olvidar	*forguet*

Poem

Poema

| AN APPLE A DAY KEEPS THE DOCTOR AWAY | Una manzana al día mantiene al doctor alejado | *An ápol a dei kips de dóctor awei* |

MI PRIMER POEMA EN INGLÉS

"THERE WAS AN OLD WOMAN
WHO LIVED IN A SHOE;
SHE HAD SO MANY CHILDREN
SHE DIDN'T KNOW WHAT TO DO.
SHE GAVE THEM SOME BROTH
WITHOUT ANY BREAD,
AND KISSED THEM ALL SOUNDLY
AND SENT THEM TO BED!"

Había una viejita	*Der was an óuld wúman*
que vivía en un zapato;	*ju livd in a shhu;*
tenía tantos niños	*Shi jad sou méni chíldren*
que no sabía qué hacer.	*Shi dídont nou juat tu dú.*
Les dio algo de caldo	*Shi gueiv dem som brod*
sin ningún pan,	*widaut eni bred,*
¡les dio un beso tronado	*and kisd dem ol sáundli*
y los mandó a la cama!	*and sent dem tu bed!*

Vocabulary

Vocabulario

	Traducción	Pronunciación
there was	había	*der was*
an	una	*an*
old	vieja	*óuld*
woman	mujer	*wúman*
who	quien	*jú*
lived (pasado de *live*)	vivía	*livd*
in	en	*in*
shoe	zapato	*shu*
so many	tantos	*sou méni*
children	niños	*chíldren*
didn't know (pasado negativo de *know*)	no sabía	*dídont nou*
what	qué	*juat*
to do	hacer	*tu dú*
gave (pasado de *give*)	dio	*gueiv*
them	a ellos	*dem*

	Traducción	Pronunciación
some	algo de	*som*
broth	caldo	*brod*
without	sin	*widaut*
any	nada	*eni*
bread	pan	*bred*
kiss	beso, besar	*kis*
kissed (pasado de *kiss*)	besó	*kísd*
soundly	sonoramente	*sáundli*
sent (pasado de *send*)	mandó	*sent*
to bed	a la cama	*tu bed*

The verbs

Los verbos

Los verbos en inglés son muy fáciles. Tienen solamente cuatro variaciones: presente, pasado, participio y gerundio.

Ejemplo:

COMENZAR

Presente	Pasado	Participio	Gerundio
start	started	started	starting
comienzo	(comencé)	(comenzado)	(comenzando)

Vamos a ver primero el presente:

En el tiempo presente de casi todos los verbos sólo se agrega una "s" al final del verbo al conjugar la tercera persona del singular: él, ella, ello (neutral), (he, she, it), mientras que con las demás personas, el verbo no sufre ningún cambio.

Ejemplo: "comenzar" (to star).

I start	(Yo comienzo)
You start	(Tú comienzas)
He starts	(Él comienza)
She starts	(Ella comienza)

It* starts	(Ello comienza) *En español no existe it. Todo es masculino o femenino.
We start	(Nosotros comenzamos)
You start	(Ustedes comienzan)
They start	(Ellos comienzan)

¿Te fijas que "tú" y "ustedes" se conjugan igual siempre en inglés?

El verbo más irregular es el verbo "to be" (ser o estar), el cual se conjuga como sigue:

	Traducción	Pronunciación
I AM	(Yo soy)	Ai am
YOU ARE	(Tú eres)	Yu ar
HE IS	(Él es)	Ji is
SHE IS	(Ella es)	Shi is
WE ARE	(Nosotros somos)	Wi ar
YOU ARE	(Ustedes son)	Yu ar
THEY ARE	(Ellos son)	Dei ar

Así es como se hace el presente afirmativo de los verbos.

Para el presente negativo se necesita un verbo auxiliar y la palabra "not". El verbo "to do" (hacer) es el indicado en este caso.

PRONOMBRE + DO NOT + VERBO PRINCIPAL

Ejemplo: "comenzar" (to start).

	Traducción	Pronunciación
I DO NOT START	(Yo no comienzo)	*Ai du not start*
YOU DO NOT START	(Tú no comienzas)	*Yu du not start*
HE DOES NOT START	(Él no comienza)	*Ji dos not start*
SHE DOES NOT START	(Ella no comienza)	*Shi dos not start*
WE DO NOT START	(Nosotros no comenzamos)	*Wi du not start*
YOU DO NOT START	(Ustedes no comienzan)	*Yu du not start*
THEY DO NOT START	(Ellos no comienzan)	*Dei du not start*

La tercera persona del singular ahora cambia en el verbo auxiliar y no en el verbo principal. En lugar de "do" se utiliza "does".

Para el presente interrogativo también se utilizan los auxiliares "do" y "does", pero, ahora, al principio de la oración.

Ejemplos:

	Traducción	Pronunciación
Do you start?	¿Empiezas?	*Du yu start?*
Does he eat?	¿Él come?	*Dos ji it?*

Fíjate cómo el verbo principal (start) no cambia nunca cuando lleva verbo auxiliar.

DO (DOES) + PRONOMBRE + VERBO PRINCIPAL
SIN CONJUGAR + COMPLEMENTO

Para responder a preguntas en presente de forma corta, se utilizan "do" y "does", como sigue:

Ejemplos:

	Traducción	Pronunciación
Do you like the internet?	¿Te gusta el internet?	*Du yu laic ínternet?*
Yes, I do	Sí, me gusta	*Yes, ai du*
Does he study?	¿Estudia él?	*Dos ji stodi?*
Yes, he does	Sí, él estudia	*Yes, ji dos*

EL PASADO

El pasado de los verbos se utiliza para indicar una acción que ya sucedió. Siempre se usa con ayer (yesterday), antier (the day before yesterday), la semana pasada (last week), el mes pasado (last month), hace un año (a year ago), etcétera.

Para formar el pasado de los verbos regulares en inglés (que son la mayoría) solamente se agrega "ed" al final del verbo, en todas las personas, sin que cambie jamás.

VERBO + ED

Ejemplos:

Play	(Jugar)
I played	(Yo jugué)
You played	(Tú jugaste)
He played	(Él jugó)
She played	(Ella jugó)
It played	(Eso jugó) (animales o cosas)
We played	(Nosotros jugamos)
You played	(Ustedes jugaron)
They played	(Ellos jugaron)

Los verbos irregulares generalmente cambian la vocal de en medio del verbo al conjugarse en inglés, pero no cambian según el pronombre. Es un solo cambio para todas las personas.

Ejemplo: "nadar" (swim)

Presente	Pretérito (pasado)
I swim (Yo nado)	I swam (Yo nadé)
You swim (Tú nadas)	You swam (Tú nadaste)
He swims (Él nada)	He swam (Él nadó)
She swims (Ella nada)	She swam (Ella nadó)
It swims (Eso nada)	It swam (Eso nadó)
We swim (Nosotros nadamos)	We swam (Nosotros nadamos)
You swim (Ustedes nadan)	You swam (Ustedes nadaron)
They swim (Ellos nadan)	They swam (Ellos nadaron)

PASADO (O PRETÉRITO) NEGATIVO

El pasado negativo se forma con el auxiliar "do" (o "does") en pasado —o sea "did"— más el verbo principal sin conjugar, y la palabra "not" en medio de ambos.

Ejemplo:

I did not like the soup	No me gustó la sopa	*Ai did not laik de sup*

PRONOMBRE + DID + NOT + VERBO PRINCIPAL
SIN CONJUGAR + COMPLEMENTO

"Did" se utiliza con todas las personas, no cambia como "do" y "does" en el tiempo presente, por lo tanto, es mucho más fácil.

WE DID NOT GO TO SCHOOL No fuimos a la escuela	*Wi did not gou tu scul*
SHE DID NOT USE THAT TOOL Ella no usó esa herramienta	*Shi did not ius dat tul*

PASADO (O PRETÉRITO) INTERROGATIVO

El pasado interrogativo se forma también con el auxiliar "did", pero ahora, al principio del enunciado, seguido del pronombre y del verbo principal:

DID + PRONOMBRE + VERBO PRINCIPAL
SIN CONJUGAR + COMPLEMENTO

Ejemplos:

DID YOU EAT DINNER LAST NIGHT? ¿Cenaste anoche?	*Did yu it díner last nait?*
DID HE LEARN THE LESSON? ¿Aprendió él la lección?	*Did ji lern de léson?*

FUTURO

El futuro se utiliza para indicar una acción que sucederá próximamente. En inglés, el tiempo futuro se forma de dos maneras:
1) Anteponiendo la palabra "will" al verbo principal, el cual no se conjuga en ninguna de las personas.

PRONOMBRE + WILL + VERBO PRINCIPAL SIN CONJUGAR

Ejemplos:

WE WILL PLAY	Nosotros jugaremos	*Wi wil plei*
SHE WILL RUN	Ella correrá	*Shi wil ron*
THEY WILL LAUGH	Ellos reirán	*Dei wil laf*

El futuro negativo con "will" se forma de la siguiente manera:

WILL + NOT + VERBO PRINCIPAL SIN CONJUGAR

Ejemplos:

We will not play	Nosotros no jugaremos	*Wi wil not plei*
She will not run	Ella no correrá	*Shi wil not ron*
They will not laugh	Ellos no reirán	*Dei wil not laf*

El futuro interrogativo con "will" se forma de la siguiente manera:

WILL + PRONOMBRE O NOMBRE + VERBO PRINCIPAL
SIN CONJUGAR

Ejemplos:

		Pronunciación
Will we play?	¿Jugaremos?	*Wil wi plei?*
Will she run?	¿Ella correrá?	*Wil Shi ron?*
Will they laugh?	¿Ellos reirán?	*Wil dei laf?*

2) La segunda opción para formar el futuro es un tiempo que se llama **idiomatic future**. Este tiempo consiste en utilizar el verbo "to be" (ser o estar) más el verbo "go" (ir) en presente del participio (con la terminación "ing"), más la palabra "to" (a) más el verbo principal sin conjugar.

PRONOMBRE + VERBO TO BE CONJUGADO EN PRESENTE + GOING TO + VERBO PRINCIPAL SIN CONJUGAR

Ejemplos:

I am going to work on my project (Voy a trabajar en mi proyecto)	Ai am góuing to werk on mai próyetc
We are going to travel soon (Vamos a viajar pronto.)	Wi ar góuing to trável sun

FUTURO NEGATIVO CON GOING TO

PRONOMBRE + VERBO TO BE CONJUGADO EN PRESENTE + NOT + GOING TO + VERBO PRINCIPAL SIN CONJUGAR

Ejemplos:

She is not going to like it	A ella no le va a gustar	Shi is not góuing tu láic it
It is not going to be easy	No va a ser fácil	It is not góuing tu bí ísi

FUTURO INTERROGATIVO CON GOING TO:

vERBO TO BE CONJUGADO EN PRESENTE + PRONOMBRE + GOING TO + VERBO PRINCIPAL SIN CONJUGAR

Ejemplos:

Are you going to be late?	¿Vas a llegar tarde?	Ar yu góuing tu bi léit?
Is this going to last?	¿Esto va a durar?	Is dis góuing tu last?

Nota: en inglés es indispensable utilizar siempre el nombre/pronombre en la oración, a diferencia del español, donde la persona puede ser tácita, ya que la conjugación del verbo te indica de qué persona se trata.

VERBOS REGULARES
(A LOS QUE SÓLO SE LES AGREGA
"ED" EN PASADO Y COPRETÉRITO):

	Traducción	Pronunciación
play (played)	jugar	plei (pleid)
frighten (frightened)	asustar	fráiten (fráitend)
believe (believed)	creer	biliv (bilivd)
laugh (laughed)	reír	laf (lafd)
look (looked)	mirar	luk (lukd)
love (loved)	querer, amar	lov (lovd)
stay (stayed)	quedarse	stei (steid)
kiss (kissed)	besar	kis (kisd)

learn (learned)	aprender	*lern (lernd)*
dance (danced)	bailar	*dans (dansd)*
stop (stopped)	detenerse	*stop (stopt)*
continue (continued)	continuar	*contíniu (contíniud)*
climb (climbed)	escalar	*claimb (claimbd)*
want (wanted)	querer	*want (wanted)*
try (tried)	tratar, probar	*trai (traid)*
earn (earned)	ganar dinero	*ern (ernd)*
watch (watched)	observar	*wach (wacht)*
plant (planted)	plantar	*plant (planted)*
mix (mixed)	mezclar	*mix (mixt)*
turn (turned)	voltear	*tern (ternd)*
fix (fixed)	componer	*fix (fixt)*
accept (accepted)	aceptar	*acsept (acsepted)*
reject (rejected)	rechazar	*riyect (riyected)*
cook (cooked)	cocinar	*cuk (cukt)*

Nota: en algunos verbos se duplica la última consonante (como en el caso de "stop") y, en otros, la "y" final se convierte en "i" al agregarse "ed".

He aquí algunas de las conjugaciones de verbos irregulares:

Presente	Pasado	Antepresente	Traducción	Pronunciación
swim (nada)	swam (nadó)	has swum (ha nadado)	nadar	suím - suam - jas suóm
ring (suena)	rang (sonó)	has rung (ha sonado)	sonar	ring - rang - jas rong
begin (empieza)	began (empezó)	has begun (ha empezado)	empezar	biguín - bigán - jas bigón
break (rompe)	broke (rompió)	has broken (ha roto)	romper	breik - brouk - jas brouken
see (ve)	saw (vio)	has seen (ha visto)	ver	sí - so - jas sin
come (viene)	came (vino)	has come (ha venido)	venir	com - keim - jas com
eat (come)	ate (comió)	has eaten (ha comido)	comer	it - eit - jas iten
do (hace)	did (hizo)	has done (ha hecho)	hacer	du - did - jas don
make (hace)	made (hizo)	has made (ha hecho)	hacer con las manos	meik - meid - jas meid
sleep (duerme)	slept (durmió)	has slept (ha dormido)	dormir	slip - slept - jas slept
wake (despierta)	woke (despertó)	has woken (ha despertado)	despertar	weik - wouk - jas wouken
teach (enseña)	taught (enseñó)	has taught (ha enseñado)	enseñar	tiich - tot - jas tot
fight (pelea)	fought (peleó)	has fought (ha peleado)	pelear	fáit - fot - jas fot
bring (trae)	brought (trajo)	has brought (ha traído)	traer	bring - brot - jas brot

Presente	Pasado	Antepresente	Traducción	Pronunciación
drink (bebe)	drank (bebió)	has drunk (ha bebido)	beber	drink - drank - jas dronk
draw (dibuja)	drew (dibujó)	has drawn (ha dibujado)	dibujar	dro - driú - jas dron
get (obtiene)	got (obtuvo)	has gotten (ha obtenido)	obtener	guet - got - jas góten
give (da)	gave (dio)	has given (ha dado)	dar	guiv - gueiv - jas guiven
go (va)	went (fue)	has gone (ha ido)	ir	gou - went - jas gon
feel (siente)	felt (sintió)	has felt (ha sentido)	sentir	fiil - felt - jas felt
say (dice)	said (dijo)	has said (ha dicho)	decir	sei - sed - jas sed
ride (monta)	rode (montó)	has ridden (ha montado)	cabalgar montar	raid - roud - jas ríden
have (tiene)	had (tuvo)	has had (ha tenido)	tener	jav – jad - jas jad
wear (porta)	wore (portó)	has worn (ha portado)	portar	wer - wor - jas worn
tear (desgarra)	tore (desgarró)	has torn (ha desgarrado)	desgarrar	ter - tor - jas torn
win (gana)	won (ganó)	has won (ha ganado)	ganar	win - won - jas won
sing (canta)	sang (cantó)	has sung (ha cantado)	cantar	sing - sang - jas song
take (toma)	took (tomó)	has taken (ha tomado)	tomar	teik - tuk - jas teiken
write (escribe)	wrote (escribió)	has written (ha escrito)	escribir	rait - rout - jas ríten
read (lee)	read (leyó)	has read (ha leído)	leer	riid - red - jas red

Hay verbos en inglés que no cambian al conjugarse, a excepción de la "s", que se agrega a la tercera persona del singular en el tiempo presente (he, she, it) y del "ing" general, que se agrega al final todos los verbos en el gerundio ("ando", "iendo").

Presente	Pretérito/ Pasado	Antepresente	Traducción
set	set	has set	(poner, colocar) (la mesa)
put	put	has put	(poner) (algo en su lugar)
spread	spread	has spread	(difundir, expander) (se pronuncia *spred*)
cut	cut	has cut	(cortar) (se pronuncia *cot*)
let	let	has let	(permitir)
quit	quit	has quit	(renunciar) (se pronuncia *cuit*)
bet broadcast	bet broadcast	has bet has broadcast (emitir en radio/ televisión)	(apostar) (se pronuncia *bródcast*)
burst	burst	has burst	(reventar) (se pronuncia *bérst*)
fit	fit	has fit	(quedar a la medida)
upset	upset	has upset	(molestar, hacer sentir mal) (se pronuncia *opsét*)
shut	shut	has shut	(cerrar) (se pronuncia *shot*)
spit	spit	has spit	(escupir)

Practice

Práctica

	Pronunciación
THIS MORNING I WOKE UP VERY EARLY (Esta mañana me levanté muy temprano)	Dis mórning ai wóuk op veri erli
AND HAD A GOOD BREAKFAST (y desayuné bien)	and jad a gud brékfast
BECAUSE I MUST BE STRONG (porque debo estar fuerte)	bicós ai most bi strong
I AM VERY SMART (Yo soy muy listo)	Ai am veri smart
AND I WILL LEARN ENGLISH SOON (y aprenderé inglés pronto)	and ai wil lern ínglishh sun
THIS MORNING CARLA WOKE UP VERY LATE (Esta mañana Carla se levantó muy tarde)	Dis mórning Carla wóuk op veri léit
MY MOTHER WILL COOK SPAGHETTI TOMORROW (Mi mamá cocinará espagueti mañana)	Mai móder wil cuk spaguéti tumórrou
WE DID NOT PLAY BALL YESTERDAY (No jugamos a la pelota ayer)	Wi did not plei bol yésterdei
ARE YOU GOING TO COME? (¿Van/Vas a venir?)	Ar yu góuing to com?
I WILL NOT EAT ONION SOUP (No comeré sopa de cebolla)	Ai wil not it onion sup

Professions

Las profesiones

	Pronunciación
WHAT DO CARPENTERS DO? (¿Qué hacen los carpinteros?)	Juat du cárpenters du?
THEY MAKE FURNITURE WITH WOOD (Hacen muebles con madera)	Dei meik férnichur wid wud
WHAT DO MECHATRONIC ENGINEERS DO? (¿Qué hacen los ingenieros mecatrónicos?)	Juat du mecatrónics enyiníers du?
THEY CREATE ROBOTS AND SMART SYSTEMS (Crean robots y sistemas inteligentes)	Dei criéit róubots and smart sístems
WHAT DO SOCIAL WORKERS DO? (¿Qué hacen las/los trabajadoras(es) sociales?)	Juat du sóushal wérkers du?
THEY HELP FAMILIES AND THE COMMUNITY (Ayudan a las familias y a la comunidad)	Dei jelp fámilis and de comiúniti
WHAT DO DOCTORS DO? (¿Qué hacen los médicos?)	Juat du dóctors du?
THEY TAKE CARE OF YOUR HEALTH (Cuidan de tu salud)	Dei teik ker of yur jelth
WHAT DO ELECTRICIANS DO? (¿Qué hacen los electricistas?)	Juat du electríshhhans du?
THEY WORK WITH ELECTRICITY (Trabajan con electricidad)	Dei werk wid electríciti

	Pronunciación
WHAT DO CIVIL ENGINEERS DO? (¿Qué hacen los ingenieros civiles?)	Juat do cívil enyiniers du?
THEY DESIGN BRIDGES AND TUNNELS (Diseñan puentes y túneles)	Dei disáin brídyes and tónels
WHAT DO ADMINISTRATIVE ASSISTANTS DO? (¿Qué hacen las asistentes administrativas?)	Juat du adminístrativ asístants du?
THEY WORK ONLINE AND ORGANIZE THE OFFICE (Trabajan en línea y organizan la oficina)	Dei wérk onláin and órganais di ófis
WHAT DO FLIGHT ATTENDANTS DO? (¿Qué hacen los auxiliaries de vuelo?)	Juat du fláit aténdants du?
THEY LOOK AFTER THE NEEDS OF THEIR PASSENGERS (Se ocupan de las necesidades de sus pasajeros)	Dei luk after de nids of deir pásenyers
WHAT DO BUTCHERS DO? (¿Qué hacen los carniceros?)	Juat du bútchers du?
THEY SELL MEAT (Venden carne)	Dei sel mit
WHAT DO BAKERS DO? (¿Qué hacen los pasteleros?)	Juat du béikers du?
THEY MAKE CAKES. (Hacen pasteles.)	Dei meik keiks
WHAT DO SALESMEN DO? (¿Qué hacen los vendedores?)	Juat du séilsmen du?
THEY SELL THINGS (Venden cosas)	Dei sel things
WHAT DO PAINTERS DO? (¿Qué hacen los pintores?)	Juat du péinters du?

	Pronunciación
THEY PAINT (Ellos pintan)	Dei peint
WHAT DO FARMERS DO? (¿Qué hacen los agricultores?)	Juat du fármers du?
THEY PLANT FRUIT, VEGETABLES AND CEREALS (Plantan fruta, verduras y cereales)	Dei plant frut, véchtabols and sírials
WHAT DOES THE POSTMAN DO? (¿Qué hace el cartero?)	Juat dos de poustman du?
HE DELIVERS LETTERS (Entrega cartas)	Ji delívers léters
WHO TAKES PICTURES? (¿Quién toma fotografías?)	Ju teiks píkchurs?
THE PHOTOGRAPHER DOES (El fotógrafo lo hace)	De fotógrafer dos
WHO MAKE CLOTHES? (¿Quiénes hacen ropa?)	Ju meik clouds?
THE TAILOR AND THE DRESSMAKER (El sastre y la modista)	De téilor and de dresméiker
WHO KEEPS THE ORDER? (¿Quién mantiene el orden?)	Ju kips de órder?
THE POLICE OFFICER (El/la policía)	De polís óficer

Vocabulary

Vocabulario

	Traducción	Pronunciación
carpenter	carpintero	*cárpenter*
doctor	doctor	*dóctor*
electrician	electricista	*electríshhhan*
engineer	ingeniero	*enginier*
administrative	administrativo(a)	*adminístrativ*
assistant	asistente	*asístant*
butcher	carnicero	*bútcher*
baker	pastelero	*béiker*
salesman	vendedor	*séilsman*
painter	pintor	*péinter*
farmer	agricultor-granjero	*fármer*
postman	cartero	*póustman*
bridges	puentes	*brídyes*
tunnels	túneles	*tónels*
photographer	fotógrafo	*fotógrafer*
tailor	sastre	*téilor*
dressmaker	modista	*dresméiker*
police officer	policía	*polísman*

	Traducción	Pronunciación
furniture	muebles	*férnichur*
wood	madera	*wud*
health	salud	*jelth*
electricity	electricidad	*electríciti*
design	diseñar	*disáin*
sell	vender	*sel*
meat	carne	*mit*
paint	pintar	*peint*
plant	plantar	*plant*
fruit	fruta	*frut*
vegetables	verduras	*véchtabols*
cereals	cereales	*sírials*
deliver	entregar	*delíver*
letter	carta	*léter*
picture	fotografía	*píkchur*
clothes	ropa	*clouds*
keep	mantener	*kip*
order	orden	*órder*
who?	quién?	*ju?*

The time

La hora

Esta es la sección que te enseñará a leer el reloj en inglés. "It is"/"it's"… (son las/es la…). Para decir media hora se utiliza "thirty" (treinta).
    Ejemplo:

IT IS FIVE THIRTY
(Son las cinco y media)
It is fáif théri

Para indicar un cuarto: "quarter" (cuarto) o "fifteen" (quince).
    Ejemplo:

IT'S QUARTER TO SIX
(Es cuarto para las seis)
It is cuárter tu six

Para indicar en punto se utiliza "o'clock" después del número.
    Ejemplos:

IT IS THREE O'CLOCK
(Son las tres en punto)
It is thrí oclóc

IT IS QUARTER TO THREE
(Es cuarto para las tres)
It is cuórter tu thrí

Otros ejemplos:

IT IS THREE FIFTEEN o IT IS QUARTER PAST THREE
(Son las tres y cuarto)
It is thrí fiftín o It is cuarter tu thrí

IT IS FOUR THIRTY
(Son las cuatro y media)
It is for thérti

IT'S TWENTY MINUTES TO SEVEN O'CLOCK
(Son veinte para las siete)
Its tuénti mínuts tu seven oclóc

IT IS TWENTY PAST EIGHT
(Son las ocho y veinte)
(It is tuénti past éit)

IT IS THREE FOURTEEN o IT IS FOURTEEN
MINUTES PAST THREE O'CLOCK
(Son las tres y catorce)
It is thrí fortín o It is fortín mínuts past thrí oclóc

WHAT TIME IS IT?
¿Qué hora es?
Juat taim is it?

IT IS THREE O'CLOCK
Son las tres en punto
It is thrí oclóc

WHAT TIME IS IT?
¿Qué hora es?
Juat taim is it?

IT IS THREE THIRTY
Son las tres y media
It is thrí thérti

IT IS THREE FIFTEEN
Son las tres y cuarto
It is thrí fiftin

IT IS QUARTER TO THREE
Es cuarto para las tres
It is quárter tu thrí

IT IS TEN PAST THREE
Son las tres y diez
It is ten past thrí

IT IS THREE FORTY FIVE
Son las tres cuarenta y cinco
It is thrí fórti faif

Vocabulary

Vocabulario

	Traducción	Pronunciación
what	qué	*juat*
the time	la hora	*de taim*
the clock	el reloj de pared	*de cloc*
the watch	el reloj pulsera	*de wach*
is it?	son/es?*	*is it?*
it is/it's...	son las...	*it is/its...*
o'clock	en punto	*oclóc*
half	media	*jaf*
quarter	cuarto	*quárter*
and	y	*and*
to	para	*tu*
minutes	minutos	*mínits*
hour	hora	*auer*
past	pasados	*past*
at	a las	*at*
At what time?	¿A qué hora?	*At juat taim?*

*Sólo cuando hablamos de la hora utilizamos siempre "it is" o "it's" para decir "son" o "es", que son conjugaciones diferentes en cualquier otra situación.

Practice

Práctica

WHAT TIME IS IT?
It is _____
(Son las ocho en punto)

WHAT TIME IS IT?
It is _____
(Son las siete y media)

WHAT TIME IS IT?
It is _____
(Son cuarto para las nueve)

WHAT TIME IS IT?
It is _____
(Son las once y diez)

WHAT TIME IS IT?
It is _____
(Son las seis y cuarto)

WHAT TIME IS IT?
It is _____
(Son las diez y media)

AT WHAT TIME DO YOU WAKE UP?
(¿A qué hora te despiertas?)
At juat taim du yu weik op?

I WAKE UP AT SEVEN O'CLOCK
(Yo despierto a las siete en punto)
Ai weik op at seven oclóc

AT WHAT TIME DO YOU GO TO SCHOOL?
(¿A qué hora vas a la escuela?)
At juát taim du yu gou tu scul?

I GO AT SEVEN FORTY FIVE
(Me voy a las siete cuarenta y cinco)
Ai gou at seven fórti faif

HOW MANY HOURS DO YOU STAY?
(¿Cuántas horas permaneces?)
Jáo moni áuers du yu stei?

I STAY FIVE HOURS
(Permanezco cinco horas)
Ai stei faif áuers

AT WHAT TIME DO YOU LEAVE SCHOOL?
(¿A qué hora dejas la escuela?)
At juat taim du yu liv scul?

I LEAVE AT ONE O'CLOCK
(Salgo a la una en punto)
Ai liv at uán oclóc

AT WHAT TIME DO YOU EAT DINNER?
(¿A qué hora cenas?)
At juat taim du yu it díner?

MY FAMILY EATS DINNER AT SIX O'CLOCK
(Mi familia cena a las seis en punto)
Mai fámili its díner at six oclóc)

AT WHAT TIME DO YOU GO TO BED?
(¿A qué hora te acuestas?)
At juat táim du yu gou tu bed?

I GO TO BED AFTER THE NEWS
(Me acuesto después de las noticias)
Ai gou tu bed áfter de niús.

AND, WHAT TIME IS THAT?
(Y ¿qué hora es ésa?)
And, juat taim is dat?

IT IS EIGHT THIRTY
(Las ocho y media)
It is eit thérti

Must & can

Debo y puedo

"Must" significa "deber". Es un verbo auxiliar.

Afirmativo con "must":

PRONOMBRE + MUST + VERBO PRINCIPAL + COMPLEMENTO

	Pronunciación
I must do my homework Debo hacer mi tarea	Ai most du mai jóumwerk
She must help her mother Ella debe ayudar a su mamá	Shi most jelp jer móder

"Must" es un verbo que no cambia nunca, ni a femenino o masculino ni a singular ni plural, tampoco se conjuga según la persona. Siempre es "must". Para el interrogativo con "must", no se utiliza el verbo auxiliar "do"; sólo se antepone "must" a la oración.

MUST + PRONOMBRE + VERBO PRINCIPAL SIN CONJUGAR

Ejemplo:

	Pronunciación
Must I go? (¿Debo ir?)	Most ai gou?

En la forma negativa pasa lo mismo. No se utilizan ni "do" ni "does" y el verbo principal no se modifica.

PRONOMBRE + MUST + NOT + VERBO PRINCIPAL SIN CONJUGAR

Ejemplo:

They must not cry (Ellos no deben llorar)	*Dei most not crai*

"Can" significa "poder" (de habilidad). Es un verbo auxiliar. Se conjuga exactamente igual que "must".

Afirmativo con "can":

PRONOMBRE + CAN + VERBO PRINCIPAL + COMPLEMENTO

Ejemplo:

I can sing very well (Yo puedo cantar muy bien)	*Ai can sing veri wel*

Interrogativo con "can":

CAN + PRONOMBRE + VERBO

Ejemplo:

Can you sing? (¿Puedes cantar?)	*Can yu sing?*

Negativo con "can": en la forma negativa, "can" se une a la negación "not", formando una sola palabra: "cannot".

PRONOMBRE + CANNOT (JUNTO) + VERBO PRINCIPAL

Ejemplo:

She cannot sing (Ella no puede cantar)	*Shi canót sing*

"May" también significa "poder" (igual que "can"), pero "may" significa "poder" de autorización o permiso.
Ejemplos de las diferencias entre "can" y "may":

	Pronunciación
Can she play ball? (¿Puede ella jugar a la pelota?)	*Can shi plei bol?*
May I speak with you? (¿Puedo hablar contigo?)	*Mei ai spíc wid yu?*

Practice

Práctica

	Pronunciación
I MUST DO MY HOMEWORK (Debo hacer mi tarea)	Ai most du mai jóumwerk
I CAN PLAY FOOTBALL VERY WELL (Yo puedo jugar futbol muy bien)	Ai can plei futbol veri wel
MAY I GO TO THE PARTY? (¿Puedo ir a la fiesta?)	Mei ai gou tu de pari?
CAN YOU SEE? (¿Puedes ver?)	Can yu sí?
MAY I BORROW YOUR PENCIL? (¿Puedo tomar prestado tu lápiz?)	Mei ai borrou yur pénsil?
MUST YOU GO? (¿Tienes que ir?)	Most yu gou?
THEY MUST STUDY HARD (Ellos deben estudiar mucho)	Dei most stodi jard
WE CANNOT GO TO THE MOVIES TONIGHT (No podemos ir al cine hoy en la noche)	Wi canót gou tu de muvis tunait
MY SISTER CANNOT DANCE (Mi hermana no puede bailar)	Mai síster canót dans

Magic world

Mundo mágico

DO YOU BELIEVE IN MAGIC?
(¿Crees en la magia?)
Du yu biliv in mayic?

IT IS ALL AROUND US
(Está en todo nuestro derredor)
It is ol araund os

IN FAIRY TALES
(en cuentos de hadas)
in feiri teils

IN GHOST STORIES!
(¡en cuentos de fantasmas!)
In goust stóris!

DO YOU LIKE KNIGHTS AND DRAGONS?
(¿Te gustan los caballeros y los dragones?)
Du yu laic naits and drágons?

I LOVE TALES ABOUT PRINCESSES, LIKE *BEAUTY AND THE BEAST*
(Yo adoro relatos sobre princesas, como *La Bella y la Bestia*)
Ai lov teils abaut prínceses laic biúti and de bíst

OR THE ONE ABOUT *TREASURE ISLAND*?
(¿O la de *La Isla del Tesoro*?)
Or de uán abaut Treshhur Ailand?

MY ELDER BROTHER PREFER TALES ABOUT MAGIC,
LIKE *HARRY POTTER*
(Mi hermano mayor prefiere las historias de magia, como *Harry Potter*)
Mai élder bróder priférs teils abaut máyic, laic Harry Potter

OR *THE LORD OF THE RINGS*
(o *El Señor de los Anillos*)
or Lord of de Rings

I LIKE TO READ ABOUT PIRATES
(Me gusta leer sobre piratas)
Ai laic tu riid abaut páirats

AND HIDDEN TREASURES
(y tesoros escondidos)
and jíden treshhurs

MY SISTER LIKES WITCHES
(A mi hermana le gustan las brujas)
Mai síster laics wíches

BUT THEY SCARE ME!
(¡pero a mí me asustan!)
bot dei sker mi!

WHEN I GROW UP
(Cuando yo crezca)
Juén al grou op

I WANT TO BE LIKE ROBIN HOOD
(quiero ser como Robin Hood)
.ai want tu bi laic Róbin Jud

BUT I AM NOT SURE IF I WANT TO LIVE IN THE FOREST
(¡pero no estoy seguro si quiero vivir en el bosque!)
Bot ai am not shhhur if ai want tu liv in de fórest!

183

Vocabulary

Vocabulario

	Traducción	Pronunciación
magic	magia/mágico	*máyic*
world	mundo	*werld*
believe	creer	*biliv*
around	alrededor	*araund*
fairy tales	cuentos de hadas	*feiri teils*
ghost	fantasma	*goust*
ghost stories	cuentos de fantasmas	*goust stóris*
like	gustar	*laic*
knights	caballeros	*naits*
dragons	dragones	*drágons*
prefer	preferir	*prifer*
tales	cuentos/relatos	*teils*
princess	princesa	*prínces*
prince	príncipe	*prins*
The Sleeping Beauty	La Bella Durmiente	*De Sliping Biúti*
Cinderella	Cenicienta	*Cinderela*

	Traducción	Pronunciación
Beauty and the Beast	La Bella y la Bestia	*Biúti and de Bíst*
Lord of the Rings	El Señor de los Anillos	*Lord of de Rings*
treasure	tesoro	*treshhur*
island	isla	*ailand*
elder	mayor	*élder*
brother	hermano	*bróder*
pirates	piratas	*páirats*
hidden	escondido	*jíden*
sister	hermana	*síster*
witches	brujas	*wíches*
scare	asustar	*sker*
grow up	crecer	*grou op*
poor	pobre	*pur*
sure	seguro	*shhhur*
forest	bosque	*fórest*

Practice

Práctica

	Pronunciación
WHERE IS MAGIC? (¿Dónde está la magia?)	*Juér is máyic?*
MAGIC IS ALL AROUND US (La magia está en todo nuestro derredor.)	*Máyic is ol araund os*
DO YOU LIKE FAIRY TALES? (¿Te gustan los cuentos de hadas?)	*Du yu laic feiri teils?*
YES, I LIKE THEM VERY MUCH (Sí, me gustan mucho)	*Yes, ai laic dem veri moch*
DO YOU, LIKE WITCHES? (¿Te gustan las brujas?)	*Du yu laic wíches?*
NO, I DO NOT LIKE THEM (No, no me gustan)	*Nou, ai du not laic dem*
DO PIRATES HAVE TREASURES? (¿Tienen tesoros los piratas?)	*Du páirats jav treshhurs?*
YES, THEY HAVE TREASURES (Sí, ellos tienen tesoros)	*Yes, dei jav treshhurs*
WHO WAS BELLE? (¿Quién era Bella?)	*Ju was Bel?*
SHE WAS A VERY BEAUTIFUL GIRL (Ella era una joven muy hermosa)	*Shi was a veri bíutiful guerl*
WHO WROTE *HARRY POTTER*? (¿Quién escribió *Harry Potter*?)	*Ju rout Harry Potter?*
ENGLISH WRITER J. K. ROWLING WROTE IT (La escritora inglesa J. K. Rowling lo escribió)	*Ínglishh ráiter J (Yai) K (Kei) Róuling rout it*

	Pronunciación
WHAT DO YOU WANT TO BE WHEN YOU GROW UP? (¿Qué quieres ser cuando crezcas?)	*Juat du yu want tu bi juén yu grou op?*
I WANT TO BE LIKE ROBIN HOOD (Quiero ser como Robin Hood)	*Ai want tu bi laic Róbin Jud*
DO YOU WANT TO HELP THE POOR? (¿Quieres ayudar a los pobres?)	*Du yu want tu jelp de pur?*
YES, I WANT TO HELP THE POOR (Sí, quiero ayudar a los pobres)	*Yes, ai want tu jelp de pur*
DO YOU WANT TO LIVE IN THE FOREST? (¿Quieres vivir en el bosque?)	*Du yu want tu liv in de fórest?*
I AM NOT SURE No estoy seguro)	*Ai am not shhhur*

Cinderella

La Cenicienta

CINDERELLA WAS A LOVELY GIRL
(Cenicienta era una joven encantadora)
Cinderela was a lovli guerl

BUT SHE HAD A WICKED STEPMOTHER!
(¡pero tenía una malvada madrastra!)
bot shi jad a wíked stepmóder!

ONE DAY, CINDERELLA RECEIVED AN INVITATION
(Un día, Cenicienta recibió una invitación)
Uán dei, Cinderela ricivd an invitéishon

IT WAS FOR A BALL AT THE PALACE!
(¡era para un baile en el palacio!)
it was for a bol at de pálas!

BUT SHE HAD NO DRESS TO TAKE
(Pero no tenía vestido para llevar)
Bot shi jad nou dres tu teik

SO, HER FAIRY GODMOTHER HELPED HER
(así que su hada madrina le ayudó)
sou jer feiri godmóder jelpd jer

AND GAVE HER A WONDERFUL DRESS AND CRYSTAL SLIPPERS
(y le dio un vestido maravilloso y zapatillas de cristal)
and gueiv jer a wónderful dres and crístal slípers

188

CINDERELLA WENT TO THE BALL AND MET THE PRINCE
(Cenicienta fue al baile y conoció al príncipe)
Cinderela went tu de bol and met de prins

CINDERELLA AND THE PRINCE DANCED ALL NIGHT
(Cenicienta y el príncipe bailaron toda la noche)
Cinderela and de prins dansd ol nait

BUT HER GODMOTHER HAD SAID
(pero su madrina le había dicho)
bot jer godmóder jad sed

"RETURN HOME BEFORE TWELVE O'CLOCK!"
("¡Regresa a casa antes de las doce!")
"Ritérn joum bifór tuelf oclóc!"

SO CINDERELLA HAD TO RUN DOWN THE STAIRS BEFORE IT
WAS TOO LATE
(Así que Cenicienta tuvo que correr escaleras abajo antes de que fuera
demasiado tarde)
Sou Cinderela jad tu ron daun de sters bifór it was tu léit

BUT SHE LOST ONE CRYSTAL SLIPPER!
(¡pero perdió una zapatilla de cristal!)
bot shhi lost uán crístal slíper!

THE PRINCE PICKED IT UP AND USED IT TO FIND CINDERELLA
AGAIN
(El príncipe la recogió y la usó para encontrar a Cenicienta otra vez)
De prins pikd it op and iusd it tu faind Cinderela aguén

THEY GOT MARRIED AND LIVED HAPPILY EVER AFTER!
(¡Se casaron y vivieron felices por siempre!)
Dei got marrid and livd jápili ever after!

Vocabulary

Vocabulario

	Traducción	Pronunciación
Cinderella	Cenicienta	*Cinderela*
was	era	*was*
a	una	*a*
lovely	adorable	*lovli*
girl	joven/niña	*guerl*
but	pero	*bot*
wicked	malvada	*wíked*
stepmother	madrastra	*stepmóder*
receive	recibir	*riciv*
invitation	invitación	*invitéishon*
ball	baile	*bol*
palace	palacio	*pálas*
dress	vestido	*dres*
fairy godmother	hada madrina	*feiri godmóder*
help	ayudar	*jelp*
gave (pasado de give)	dio	*gueiv*

	Traducción	Pronunciación
wonderful	maravilloso	*wónderful*
crystal	cristal	*crístal*
slippers	zapatillas	*slípers*
met (pasado de meet)	conoció (a alguien)	*met*
dance	bailar	*dans*
night	noche	*nait*
return	regresar	*ritérn*
home	casa/hogar	*joum*
before	antes	*bifór*
stairs	escaleras	*sters*
late	tarde	*léit*
too	demasiado/también	*tú*
again	otra vez	*aguén*
pick up	recoger	*pic op*
find	encontrar	*faind*
got married	se casaron	*got marrid*
live	vivir	*liv*
ever	siempre	*ever*
after	después	*after*

	Traducción	Pronunciación
then	entonces	*den*
it was	fue	*it was*
did (pasado de do)	(verbo auxiliar)	*did*
happen	suceder/pasar	*jápen*
the	el/la/los/las	*di*
end	fin	*end*

Practice ·

Práctica

	Pronunciación
WHO IS CINDERELLA? (¿Quién es Cenicienta?)	Ju is Cinderela?
CINDERELLA IS A FAIRY TALE (Cenicienta es un cuento de hadas)	Cinderela is a féri teil
ABOUT A LOVELY GIRL (acerca de una joven encantadora)	abaut a lovli guerl
WHAT DID SHE RECEIVE? (¿Qué recibió?)	Juat did shhi riciv?
SHE RECEIVED AND INVITATION TO A BALL (Recibió una invitación a un baile)	Shi ricivd an invitéishhon tu a bol
DID SHE HAVE A DRESS FOR THE BALL? (¿Tenía vestido para. el baile?)	Did shhi jav a dres for de bol?
NO, SHE DID NOT HAVE A DRESS (No, no tenía vestido)	Nóu, shi did not jav a dres
WHO HELPED HER? (¿Quién la ayudó?)	Ju jelpd jer?
HER FAIRY GODMOTHER (Su hada madrina)	Jer feiri godmóder
SHE GAVE CINDERELLA A WONDERFUL DRESS AND CRYSTAL SLIPPERS (Le dio a Cenicienta un maravilloso vestido y zapatillas de cristal)	Shi gueiv Cinderela a wónderful dres and crístai slípers
WHO WAS AT THE BALL? (¿Quién estaba en el baile?)	Ju was at de bol?
THE PRINCE WAS AT THE BALL (El príncipe estaba en el baile)	De prins was at de bol

	Pronunciación
DID HE DANCE WITH CINDERELLA? (¿Bailó con Cenicienta?)	*Did ji dans wid Cinderela?*
YES, HE DANCED ALL NIGHT WITH HER (Sí, bailó con ella toda la noche)	*Yes, ji dansd ol nait wid jer*
WHAT DID THE FAIRY GODMOTHER TELL CINDERELLA? (¿Qué le dijo el hada madrina a Cenicienta?)	*Juat did de feiri godmóder tel Cinderela?*
SHE SAID: "RETURN HOME BEFORE TWELVE O'CLOCK" (Le dijo: "Regresa a casa antes de las doce")	*Shi sed: "Ritérn joum bifór tuelf oclóc"*
WHAT DID CINDERELLA LOSE WHILE SHE RAN DOWN THE STAIRS? (¿Qué perdió Cenicienta mientras corría escaleras abajo?)	*Juat did Cinderela lus juáil shi ran dáun de sters?*
SHE LOST HER CRYSTAL SLIPPER (Perdió su zapatilla de cristal)	*Shhi lost jer crístal slíper*
WHO PICKED IT UP? (¿Quién la recogió?)	*Ju pikt it op?*
THE PRINCE DID (El príncipe lo hizo)	*De prins did*
DID HE FIND CINDERELLA AGAIN? (¿Encontró a Cenicienta de nuevo?)	*Did ji faind Cinderela aguén?*
YES, HE DID (Sí, lo hizo)	*Yes, ji did*
WHAT HAPPENED THEN? (¿Qué pasó entonces?)	*Juat jápend den?*
THEY GOT MARRIED (Se casaron)	*Dei got marrid*
AND LIVED HAPPILY EVER AFTER (y vivieron felices por siempre)	*and livd jápili ever after*
THE END (Fin)	*Di end*

The market

El mercado

	Pronunciación
MY MOTHER GOES TO THE MARKET EVERYDAY (Mi mamá va al mercado todos los días)	Mai móder gous tu de márket evridéi
TODAY I WILL GO WITH HER (Hoy yo iré con ella)	Tudéi ai wil gou wid jer
IN THE MARKET YOU BUY FOOD (En el mercado se compra comida)	In de márket yu bai fud
THERE ARE FRUITS AND VEGETABLES (Hay frutas y verduras)	Der ar fruts and véchtabols
MEAT, FISH AND CHICKEN (carne, pescado y pollo)	Mit, fish and chíken
I CAN SEE TOMATOES (Puedo ver jitomates)	Ai can sí toméitous
PEARS, BANANAS AND ORANGES (peras, plátanos y naranjas)	pers, bananas, and óranches
GRAPES, WATERMELON, APPLES (uvas, sandía, manzanas)	greips, wotermélon, ápols
POTATOES, ONION, GARLIC (papas, cebolla, ajo)	potéitos, ónion, gárlic

CELERY, LETTUCE, CABBAGE (apio, lechuga, col)	*céleri, létus, cábach*
PINEAPPLE, STRAWBERRIES, MANGOES (piña, fresas, mangos)	*painápol, stróberris, mángous*
GRAPEFRUIT, MELON, TANGERINES (toronja, melón, mandarinas)	*greipfruit, mélon, tányerins*
CAULIFLOWER, ZUCHINI, CARROTS (coliflor, calabacitas, zanahorias)	*cóliflauer, suquíni, cárrots*
PEACHES AND DIFFERENT KINDS OF HOT PEPPERS (duraznos y diferentes clases de chile)	*píches and diferent cainds of jot pépers*
ALSO THERE IS BEEF, PORK, LAMB, VEAL, AND RABBIT IN THE MEAT SECTION (También hay carne de res, puerco, borrego, ternera y conejo en la sección de carnes)	*Ólsou, der is biif, pork, lamb, viil, and rábit in de mit sécshhon*
THERE IS A SPECIAL PLACE WHERE THEY SELL FLOWERS (Hay un lugar especial donde venden flores)	*Der is a speshhal pléis juér dei sel fláuers*
THERE ARE DAISIES, ROSES, CRANESBILLS (Hay margaritas, rosas, geranios)	*Der ar déisis, rouses, créinsbils*
JASMINES, VIOLETS AND FORGET- ME-NOTS (jazmines, violetas y no-me-olvides)	*yásmins, váiolets; and forguet-mí-nots*
I PERSONALLY LIKE THAT SECTION BEST OF ALL (A mí personalmente me gusta esa sección más que todas)	*Ai personali laic dat sécshhon best of ol*

Vocabulary

Vocabulario

	Traducción	Pronunciación
market	mercado	*márket*
today	hoy	*tudéi*
to	a	*tu*
buy	comprar	*bai*
food	comida	*fud*
fruits	frutas	*fruts*
vegetables	vegetales	*véchtabols*
meat	carne	*mít*
fish	pescado	*fish*
chicken	pollo	*chíken*
tomatoes	jitomates	*toméitous*
pears	peras	*pers*
bananas	plátanos	*bananas*
oranges	naranjas	*óranches*
grapes	uvas	*greips*
watermelon	sandía	*wotermélon*

	Traducción	Pronunciación
apple	manzana	*ápol*
potatoes	papas	*potéitos*
onion	cebolla	*ónion*
garlic	ajo	*gárlic*
celery	apio	*céleri*
lettuce	lechuga	*létus*
cabbage	col	*cábach*
pineapple	piña	*painápol*
strawberries	fresas	*stróberris*
mangoes	mangos	*mángous*
grapefruit	toronja	*greipfruit*
melon	melón	*mélon*
tangerines	mandarinas	*tányerins*
cauliflower	coliflor	*cóliflauer*
zuchini	calabacitas	*sukini*
carrots	zanahorias	*cárrots*
peaches	duraznos	*píches*
kinds	tipos	*cáinds*
beef	carne de res	*bif*

	Traducción	Pronunciación
lamb	cordero	*lamb*
rabbit	conejo	*rábit*
place	lugar	*pleis*
where	donde	*juér*
sell	vender	*sel*
flowers	flores	*fláuers*
daisies	margaritas	*déisis*
roses	rosas	*róuses*
cranesbills	geraniums	*créinsbils*
jazmines	jazmines	*yásmins*
violets	violetas	*váiolets*
forget-me-nots	no-me-olvides	*forguét-mí-nots*
personally	personalmente	*pérsonali*
best	lo mejor, más que	*best*
like	gustar	*laic*
I like...	Me gusta...	*Ai laic...*
section	sección	*sécshhon*

Practice

Práctica

	PRONUNCIACIÓN
WHO GOES TO THE MARKET? (¿Quién va al mercado?)	Ju gous tu de márket?
MY MOTHER AND I (Mi mamá y yo)	Mai móder and ai
WHAT DO YOU BUY IN THE MARKET? (¿Qué compran en el mercado?)	Juat du yu bai in de márket?
WE BUY FRUIT AND VEGETABLES (Compramos fruta y verdura)	Wi bai frut and véchtabols
ARE THERE TOMATOES IN THE MARKET? (¿Hay jitomates en el mercado?)	Ar der toméitous in de márket?
YES, THERE ARE (Sí, los hay)	Yes, der ar
WHAT COLOR ARE CARROTS? (¿De qué color son las zanahorias?)	Juat cólor ar cárrots?
CARROTS ARE ORANGE (Las zanahorias son anaranjadas)	Carrots ar óranch
DO THEY SELL MEAT IN THE MARKET? (¿Venden carne en el mercado?)	Du dei sel mít in de márket?
WHAT KIND OF MEAT? (¿Qué clase de carne?)	Juat caind of mít?

	PRONUNCIACIÓN
THEY SELL BEEF, LAMB AND RABBIT (Venden carne de res, cordero y conejo)	Dei sel bif, lamb and rábit
DO YOU FIND FISH AND CHICKEN IN THE MARKET? (¿Encuentras pescado pollo en el mercado?)	Du yu faind fish and chíken in de márket?
YES, I DO (Sí, lo encuentro)	Yes, ai du
WHAT ELSE DO THEY SELL? (¿Qué más venden?)	Juat els du dei sel?
THEY SELL FLOWERS (Venden flores)	Dei sel fláuers
SUCH AS? (¿Tales como?)	Soch as?
SUCH AS ROSES AND DAISIES (Tales como rosas y margaritas)	Soch as rouses and déisis
DO YOU LIKE FLOWERS? (¿Te gustan las flores?)	Du yu laic fláuers?
YES, I LIKE THEM VERY MUCH (Sí, me gustan mucho)	Yes, ai laic dem veri moch

Christmas

La Navidad

TODAY IS DECEMBER 24TH
(Hoy es 24 de diciembre)
Tudéi is Dicémber de tuentiford

I AM VERY EXCITED
(Estoy muy emocionado)
Ai am veri exáited

WE ARE HAVING A PARTY TONIGHT
(Tendremos una fiesta esta noche)
Wi ar jáving a párti tunáit

BECAUSE TONIGHT IS CHRISTMAS EVE
(porque esta noche es la Noche de Navidad)
Bicós tunáit is Crísmas Iv

ALL MY FAMILY WILL BE HERE
(Toda mi familia estará aquí)
Ol mai fámili wil bi jíer

MY MOTHER AND MY SISTER WILL COOK SOMETHING SPECIAL
(Mi mamá y mi hermana cocinarán algo especial)
Mai móder and mai síster wil cuk sómthing spéshhal

DO YOU LIKE "'ROMERITOS"?
(¿Te gustan los "romeritos"?)
Du yu laic "rosemary casserole"?

I DO
(A mí, sí)
Ai du

WE WILL ALSO HAVE TURKEY AND GRAVY
(También tendremos pavo y gravy)
Wi wil ólsou jav térki and gréivi

AND SHRIMP BROTH!
(¡y consomé de camarón!)
and shrimp broth!

MY AUNT JULIA PROMISED TO BRING A CAKE
(Mi tía Julia prometió traer un pastel)
Mai ant Yulia prómísd tu bring a keik

I ALSO HELPED TO PREPARE DINNER
(Yo también ayudé a preparar la cena
Ai ólsou jélpd tu 'pripér díner

AND SET UP THE NATIVITY SCENE
(y puse el Nacimiento)
y set op de Natíviti sín

MY FATHER SET UP THE CHRISTMAS TREE
(Mi papá puso el árbol de Navidad)
Mai fáder set op de Crismas trí

THE HOUSE LOOKS BEAUTIFUL
(La casa se ve preciosa)
De jáus luks biutiful

THE PRESENTS WILL BE PUT UNDER THE TREE
(Los regalos se pondrán bajo el árbol)
De présents wil bi put ónder de tri

I HOPE I GET SOME TOYS
(Yo espero recibir algunos juguetes)
Ai joup ai guet som tois

BEFORE DINNER…
(Antes de cenar…)
Bifór díner…

…WE WILL ALL GO TO CHURCH
(… iremos todos a la iglesia)
…Wi wil ol gou tu cherch

Vocabulary

Vocabulario

	Traducción	Pronunciación
today	hoy	*tudéi*
December	diciembre	*dicember*
I am	estoy	*ai am*
very	muy	*veri*
excited	emocionado	*exáited*
party	fiesta	*párti*
because	porque	*bicós*
Christmas	Navidad	*Crísmas*
Eve	Noche	*Iv*
will cook (futuro de cook)	cocinarán	*wil cuk*
something	algo	*sómthing*
special	especial	*speshhal*
Do you like?	¿Te gustan?	*Du yu laic?*
aunt	tía	*ant*
turkey	pavo/guajolote	*térki*
also	también	*ólsou*

	Traducción	Pronunciación
set up	poner	*set op*
Nativity Scene	Nacimiento	*Nativiti Sin*
Christmas Tree	árbol de Navidad	*Crísmas Trí*
house	casa	*jáus*
presents	regalos	*présents*
hope	esperar, anhelar	*joup*
before	antes de	*bifór*
all	todos	*ol*
church	iglesia	*cherch*

Practice

Práctica

WHAT DO YOU CELEBRATE TONIGHT?
(¿Qué celebran esta noche?)
Juat du yu celebreit tunáit?

TONIGHT WE CELEBRATE CHRISTMAS EVE
(Esta noche celebramos la Noche de Navidad)
Tunáit wi celebreit Crísmas Iv

LATIN AMERICANS CELEBRATE CHRISTMAS EVE MORE THAN
CHRISTMAS DAY:
Los latinoamericanos celebran más la Nochebuena que el Día de Navidad
Látin Américans celebréit Crismas Iv mor dan Crismas Dei

ARE YOU GOING TO HAVE A PARTY?
(¿Van a tener una fiesta?)
Ar yu góuing tu jav a párti?

YES, WE WILL HAVE A PARTY
(Sí, tendremos una fiesta)
Yes, wi wil jav a párti

ANYTHING SPECIAL FOR DINNER?
(¿Algo especial para la cena?)
Enithing speshhal for díner?

YES, "ROMERITOS" AND TURKEY
(Sí, romeritos y pavo)
Yes, "romeritos" and térki

ALSO A CAKE
(También un pastel)
Ólsou a keik

WHO WILL BRING THE PRESENTS?
(¿Quién traerá los regalos?)
Ju wil bring de présents?

EVERYBODY
(Todo el mundo)
Evribódi

WHO SET THE CHRISTMAS TREE?
(¿Quién puso el árbol de Navidad?)
Ju set de Crísmas trí?

MY FATHER DID
(Lo hizo mi papá)
Mai fáder did

WHO SET UP THE NATIVITY SCENE?
(¿Quién puso el Nacimiento?)
Ju set op de Natíviti sín?

I SET UP THE NATIVITY SCENE
(Yo puse el Nacimiento)
Ai set op de Natíviti sín

WHEN DO WE CELEBRATE CHRISTMAS?
(¿Cuándo celebramos Navidad?)
Juén du wi celebreit Crismas?

IN THE WINTER
(En el invierno)
In de winter

WHAT DO WE CELEBRATE IN CHRISTMAS?
(¿Qué celebramos en Navidad?)
Juat du wi celebreit in Crísmas?

WE CELEBRATE THE BIRTH OF JESUS
(Celebramos el nacimiento de Jesús)
Wi celebreit de berd of Yísus

My first christmas carol

Mi primer villancico navideño

Jingle Bells
(Campanas Navideñas)

DASHING THROUGH THE SNOW
(A través de la nieve)
Dashing thru de snou

IN A ONE HORSE OPEN SLEIGH
(en un trineo jalado por un caballo)
in a uán jors oupen slei

OVER FIELDS WE GO
(vamos por los campos riendo)
óuver filds wi gou

LAUGHING ALL THE WAY
(todo el camino)
lafing ol de wei

BELLS ON BOB'S TAIL RING
(Las campanas en la cola de Bob)
Bels on Bobs téil ring

MAKING SPIRITS BRIGHT
(repiquetean poniéndonos de buen humor)
meiking spirits brait

WHAT FUN IT IS TO RIDE AND SING
(Qué divertido es pasear y cantar una canción)
Juat fon it is tu raid and sing

A SLEIGHING SONG TONIGHT
(de Navidad esta noche)
a sleiguing song tunáit

JINGLE BELLS, JINGLE BELLS
(Suenen campanas, suenen campanas)
Yingol bels, yingol bels

JINGLE ALL THE WAY
(suenen todo el camino)
yingol ol de wei

OH! WHAT FUN IT IS TO RIDE
(¡qué divertido es pasear)
Ou! juat fon it is tu raid

IN A ONE HORSE OPEN SLEIGH, HEY!
(en un trineo jalado por un caballo!)
in a uán jors o upen slei, jei!

JINGLE BELLS, JINGLE BELLS
(Suenen campanas, suenen campanas)
Yingol bels, yingol bels

JINGLE ALL THE WAY... (se repite el coro)
(suenen todo el camino)
Yingol ol de wei...

Nota: esta es la misma canción que se enseña en español y que dice: "Campanas navideñas, de dulce y claro son, su canto luminoso, alegra el corazón, anuncias con tus voces heraldos de cristal, alégrense las almas que llegó la Navidad. Navidad, Navidad, hoy es Navidad, hoy es día de alegría y felicidad, hey!"

Vocabulary

Vocabulario

	Traducción	Pronunciación
jingle	suenen	*yingol*
bells	campanas	*bels*
dashing (gerundio de dash)	lanzándose	*dashing*
through	a través de	*thru*
snow	nieve	*snou*
sleigh	trineo	*slei*
horse	caballo	*jors*
open	abierto	*oupen*
over	sobre	*óuver*
fields	campos	*filds*
go	ir (vamos)	*gou*
laughing (gerundio de laugh)	riendo	*lafing*
all	todo	*ol*
way	camino	*wei*
Bob's tail (posesivo)	la cola de Bob	*Bobs téil*
ring	suenan	*ring*

	Traducción	Pronunciación
making (gerundio de make)	haciendo	*meiking*
spirits	humor	*spirits*
bright	brillante	*brait*
what	qué	*juat*
fun	divertido	*fon*
it is	es	*it is*
to ride	pasear, montar	*tu raid*
and	y	*and*
sing	cantar	*sing*
song	canción	*song*
tonight	hoy en la noche	*tunái*

Poinsettias

Las flores de Nochebuena

I LOVE POINSETTIAS
(Me encantan las flores de Nochebuena)
Ai lov poinsétias

POINSETTIAS ARE ORIGINALLY FROM MEXICO
(Las flores de Nochebuena son originalmente de México)
Poinsétias ar oríyinali from Méxicou

US AMBASSADOR JOEL POINSETT BROUGHT THEM
TO THE US IN THE 19TH CENTURY.
(El embajador de los Estados Unidos Joel
Poinsett las trajo a Estados Unidos en el siglo XIX)
Yu Es ambásador Yoel Póinset brot dem
tu de Yu Es in de náinteend cénchuri

THAT IS WHY IN ENGLISH THEY ARE CALLED
"POINSETTIAS"
(Por eso en inglés de llaman "Poinsettias")
Dat is juái in ínglishh dei ar cold "poinsétias"

POINSETTIAS ARE VERY OLD
(Las flores de Nochebuena son muy antiguas)
Poinsétias ar veri óuld

IN NÁHUATL, THE LANGUAGE OF THE ANCIENT AZTECS
(En náhuatl, el idioma de los antiguos aztecas)
In náwatl, de lánguech of di einshhent áztecs

THE NAME OF THIS FLOWER WAS CUITLAXOCHITL
el nombre de esta flor era Cuitlaxóchitl
de néim of dis fláuer was Cuitlasóchitol

My second christmas carol

Mi segundo villancico navideño

SILENT NIGHT
(NOCHE DE PAZ)

SILENT NIGHT
(Noche silenciosa)
Sailent nait

HOLY NIGHT
(Noche santa)
Jouli nait

ALL IS CALM
(Todo es calma)
Ol is calm

ALL IS BRIGHT
(Todo brilla)
Ol is brait

ROUND YON VIRGIN MOTHER AND CHILD
(Al derredor de aquella Virgen Madre y el Niño)
raund yon Viryin Móder and Chaild

HOLY INFANT SO TENDER AND MILD
(Infante santo tan tierno y dulce)
Jouli ínfant sou ténder and maild

SLEEP IN HEAVENLY PEACE
(Duerme en paz celestial)
Slip in jévenli pís

SLEEP IN HEAVENLY PEACE
(Duerme en paz celestia)
Slip in jévenli pís

Nota: esta canción se canta en español como sigue: "Noche de Paz, Noche de amor, celestial resplandor, ilumina el sencillo portal...".

Vocabulary

Vocabulario

	Traducción	Pronunciación
silent	silenciosa	*sáilent*
silence	silencio	*sáilens*
night	noche	*nait*
holy	santo	*jouli*
all	todo	*ol*
calm	calma	*calm*
bright	brillante	*brait*
round (igual que around)	alrededor	*raund*
yon (término poco común)	aquella	*yon*
virgin	Virgen	*Viryin*
child	niño	*chaild*
infant	infante	*ínfant*
tender	tierno	*ténder*
so	tan	*sou*

	Traducción	Pronunciación
mild	dulce	*maild*
sleep	dormir, duerme	*slip*
heaven	cielo	*jéven*
heavenly	celestial	*jévenli*
peace	paz	*pís*

True or false

Verdadero o falso (juego)

Subraya verdadero o falso ("true" o "false", respectivamente) en las siguientes preguntas:
    (Esta vez no hay traducción, así que fíjate bien.)

1. Mexico City is in Africa	TRUE	FALSE
2. Ducks and cats are animals	TRUE	FALSE
3. I am learning Russian	TRUE	FALSE
4. I live in a house	TRUE	FALSE
5. A week has seven days	TRUE	FALSE
6. Puppies like to play	TRUE	FALSE
7. Winter is very warm	TRUE	FALSE

8. I have one body	TRUE	FALSE
9. You have two eyes	TRUE	FALSE
10. In Venezuela they speak Spanish	TRUE	FALSE
11. Flowers are pretty	TRUE	FALSE
12. Acapulco is near China	TRUE	FALSE
13. Venus is a planet	TRUE	FALSE
14. Children learn languages very fast	TRUE	FALSE
15. Christmas is in February	TRUE	FALSE
16. The sky is yellow	TRUE	FALSE
17. The engineer sells carrots	TRUE	FALSE
18. I can see with my eyes	TRUE	FALSE
19. Bananas are blue	TRUE	FALSE
20. Chocolate comes from Mexico	TRUE	FALSE

Inglés sin maestro
se imprimió en febrero de 2018,
en Corporación de Servicios Gráficos
Rojo, S. A. de C. V. Progreso 10, Col. Centro,
C.P. 56530, Estado de México